소비의 테크닉

현명한 소비자, 경쟁력 있는 기업

정 길 호

지은이 **정 길 호**

주요 경력

현, (사)소비자와함께 공동대표

현, 글로벌관광객1억명시대 범국민추진위원회 대표

현, 한국소비자단체연합 부회장

전, (사)한국소비자중심기업협회 15,16대 회장

전, 성신여자대학 겸임 교수

전, LG전자(주) 마케팅 기획, 대외업무 경험

주요 추진 업무

- 자동차 급발진사고 관련 입증책임 전환을 내용으로 하는 법안 제정/개정 추진('2024.07~)
- 실손보험 청구 간소화법' 국회 통과('2024.01)
- 수술실CCTV 설치법안 통과('2021.08)

학 위

행정학 (학사), 사회복지학 (석사), 소비자학 (박사)

소비의 테크닉

현명한 소비자, 경쟁력 있는 기업

정 길 호

서문

소비자의 눈높이가 기업의 수준을 결정한다

"한국 소비자는 정말 까다롭다."

수많은 글로벌 기업의 마케팅 담당자와 해외 바이어들이 한국 시장을 이야기할 때 공통으로 던지는 메세지입니다.

겨우 1그램의 무게, 0.1초의 반응 속도, 한 줄의 설명 부족조차 예민하게 받아들이는 한국 소비자들의 집요한 비교, 빠른 소문, 그리고 '사소함을 용납하지 않는' 까다로운 태도는 기업에게 있어 가장 두려운 존재이자 동시에 가장 든든한 성장의 원동력이었습니다.

이 책은 기업 출신의 NGO(소비자)단체장의 시각으로 국내의 까다로운 소비문화와 소비자 단체의 활동이 어떻게 세계 최고의 제품을 탄생시켰는가에 대한 이야기입니다. 영원이 따라갈 수 없을 것 같았던 일본 일류기업의 제품들을 따라 잡은 삼성의 반도체, 휴대폰, 현대차, LG전자의 OLED TV등 프리미엄 가전, K-뷰티와 심지어 김과 같은 K-푸드까지 세계 시장에서 인정받는 제품들의 탄생의 이면에는 수많은 소비자의 불편 제기와 단호한 선택, 그리고 소비자 단체의 활동, 조직적 감시가 있었습니다.

단순히 '좋은 제품을 만들자'는 기업의 의지로만은 불가능했던 일들이, 한국에서는 가능했습니다. 왜냐하면 한국에서는 소비자가 침묵하지 않고, 소비자 단체가 행동하며, 기업은 살아남기 위해 응답했기 때문입니다. 소비자가 기업을 견인하고, 단체가 제도화하며, 산업이 세계로 나아간 이 선순환의 구조야말로 우리가 주목해야 할 한국형 성공 모델입니다.

그렇다면, 제품과 서비스의 성패를 결정짓는 본질은 무엇일까요?

흔히들 말합니다. 음식점은 맛과 친절만 있으면 된다고.

하지만 현실은 그렇게 단순하지 않습니다. 한 사례를 들어보겠습니다.

어느 줄 서서 기다릴 만큼 잘 되던 음식점이 있었습니다. 사장은 본점 경영을 아내에게 맡기고, 주방장은 후배에게 레시피를 전수한 뒤, 맛과 경영 모두를 상징하는 핵심 인물 둘이 함께 2호점을 열었습니다. 그런데 몇 달 후, 본점은 여전히 북적였지만 2호점은 겨우 적자만 면하는 수준이었습니다.

또 다른 사례도 있습니다. 한때 기차역 앞의 해장국집은 불친절하기로 악명이 높았습니다. 물컵과 반찬을 툭 던져놓고 가는 식의 서비스에도 불구하고, 여전히 손님이 끊이지 않았습니다.

이쯤 되면 '정답'이 무엇인지는 애매하다 못해 궁금해집니다.

분명한 것은. 음식점의 성패는 단순히 맛과 친절만으로 설명되지 않는다. 주변 환경과 입지조건 등의 변수를 고려한 의사결정이 필요하다는 것입니다.

그래서 이 책은 정답을 제시하지 않습니다. 오히려 독자가 책을 다 읽고 나서 자신만의 선명한 상을 그려보길 기대합니다. 필자의 색다른 경험, 하나가 더 있는 모습(창의성)이 녹아있습니다.

단언컨대, 생각이 고정되면 수용성이 떨어집니다.

늘 그런 것은 아니지만, 군인이나 공무원 생활을 오래 하다 창업에 도전한 이들이 실패하는 이유도 여기에서 출발합니다. 사업은 동시에 많은 변수를 고려해야 하는 영역입니다. 관성적인 대응, 규칙적인 판단, 정형화된 태도만으로는 성공이 어렵습니다.

저는 이 지점을 세 단어로 설명하고자 합니다.

바로 치우침(Bias), 선입견(Prejudice), 고정관념(Stereotype)입니다.
이 세 가지는 사람의 사고를 닫고, 성장을 멈추게 하는 공통의 함정입니다.

우리는 북한 주민들이 중앙통신과 노동신문만 읽고 세뇌 당한 듯 보이는 현실을 보며 고개를 젓지만, 사실 우리 안에도 같은 기제가 작동하고 있을 수 있습니다.

이러한 함정을 벗어나는 방법은 분명합니다.

첫째는 객관화와 계량화하는 것은 성과의 출발점입니다.

감각이나 추정이 아닌, 수치와 데이터에 기반한 판단이 재현성을 높이며 방향을 잃지 않고 성공을 가능하게 합니다.

둘째, 변화에 대한 민감한 대응과 수용성을 높이는 길만이 생존과 발전을 보장합니다.

시장은 멈추지 않습니다. 과거의 성공 공식은 금세 무력해지고 유연하지 않는 조직은 도태된다. 빠르게 변하는 환경에 적응하는 능력은 단순한 민첩성을 넘어 생존 자체의 문제이기 때문입니다.

마지막으로 단 하나의 차별화된 창의성은 결정적이 돌파구를 만듭니다.

누구나 비슷한 전략을 수립할 수 있지만, 단 한가지라도 다른 생각만이 시장에서 독점력을 만들 수 있습니다. 진정한 창의성은 기본에 충실해야 나오는 것이며 엉뚱한 것이 아닌 논리 속에서 설계된 차별입니다. 성공 사례에 대한 교훈과 창의성의 결합이 어떻게 적용되느냐가 중요한 관건이 될 수 있습니다.

사업을 운영하든, 조직을 이끌든, 혹은 개인의 삶을 가꾸든, 이 두 가지는 생각을 넓히고 방향을 정하는 가장 중요한 기준입니다. 성공을 위해 반드시 습관화되어야 할 자세이기도 합니다.

이 책은 단순히 기술과 품질의 경계를 넘어, 사회와 시장을 움직이는 거대한 소비자의 힘에 깊이 주목하고, 우리가 무심히 지나쳤던 '소비'라는 행위가 실은 어떤 변화의 물결을 일으켜왔는지, 그 구체적인 흔적들을 따라가려 합니다.

이러한 통찰과 교훈의 깊은 이해를 돕기 위해, 60가지 주제를 엄선하여 8개의 부로 세심하게 나누었습니다. 각 장의 이야기는 그 자체로 완결형으로 이루어졌기 때문에 어느 곳을 먼저 읽어도 충분히 그 내용을 즐길 수 있습니다.

서문

이 책은 제가 한국의 대표 전자회사에서 30년 동안 근무하며 쌓은 실무 경험과, 이후 대학교, 대학원 강의, 관련 협회의 회장, 그리고 소비자 단체 활동을 통해 얻은 인사이트를 토대로 집필한 결과물입니다.

현장과 이론, 정책과 시장을 두루 경험한 시선에서, 이 책은 다음과 같은 분들께 특히 도움이 되길 바랍니다:

- **기업의 방향성을 고민하는 CEO와 임원진,**
- **실무의 디테일을 다뤄야 하는 중간 관리자,**
- **현실과 이상 사이에서 방황하는 신입사원,**
- **이제 막 창업에 나선 청년 창업가,**
- **변화에 휘둘리는 감정노동자와 서비스직 종사자,**
- **그리고 내일을 준비하는 대학생들에게.**

세상을 바라보는 시야가 전환되면, 경영의 방식도, 그로 인해 맺는 결과도 자연스레 변화하게 됩니다.

바라건대, 미흡한 졸저가 독자에게 단순한 정보의 나열을 넘어, 소비와 기업 활동에 대한 기존의 생각을 바꾸는 계기이자, 현명한 소비 생활을 위한 실질적인 지침서가 될 수 있다면 더 이상 바랄 것이 없겠습니다.

아무쪼록 소비에 대한 새로운 인식과 경험을 여러분과 함께 나누기를 바라는 마음 간절합니다.

소비의 테크닉

현명한 소비자, 경쟁력 있는 기업

목 차

I

소비자의 권리
(소비자론)

01

소비자가 아닌 국민은 없다.
요람에서 무덤까지, 삶을 이어가는 소비의 끈

'소비자가 아닌 국민은 없다.'

현대 사회를 살아가는 모든 사람에게 해당되는 진실이다. 우리의 일상은 소비의 끈으로 이어진 긴 여정이다. 삶은 요람에서 무덤까지 소비와 함께 한다. 갓 태어난 아기는 스스로 고르고 구할 수 없지만 기저귀, 분유와 옷을 통해 세상과 만나고 엄숙한 죽음의 순간조차 소비와 헤어질 수 없다. 수의와 관, 장례식장, 장지에 이르는 소비를 통해 마무리 된다.

소비는 삶의 시작과 끝을 함께하는 필수 불가결한 요소이며, 한 순간도 소비와 완전히 분리되지 않는다.

현대인에게 소비는 단순한 선택이 아니라 생존 그 자체가 되었다.

현대 사회는 원시시대처럼 자급자족으로 살아갈 수 있는 시대가 아니다. 복잡한 사회 구조와 새로운 기술의 발전 속에서 사람들은 수많은 제품과 서비스를 필요로 한다. 우리가 입는 옷, 먹는 음식, 가정의 전자기기,

손에 든 휴대폰 그리고 이동 수단인 자동차까지, 모든 것은 누군가의 땀과 노력이 만들어낸 결과물이다.

전자 회사의 직원은 전자제품의 생산자이지만 동시에 다른 상품의 소비자로 살아 간다. 이처럼 현대 사회의 구성원으로서, 곧 국민으로서의 소비는 서로의 노동을 통해 공존하는 연결고리인 것이다.

소비는 소비자 개인의 삶을 넘어 가계나 기업, 궁극적으로 국가경제에 매우 중요하고 큰 영향을 미친다.

결국 소비는 단순한 경제활동이 아니라 인간 존재의 방식이자 사회적 관계의 표현이다. 우리가 무엇을 선택하고 어떻게 사용하는지에 따라 삶의 방식과 가치관이 드러난다. 따라서 '소비자가 아닌 국민은 없다'는 표현은 단순한 수사가 아닌, 오늘날 우리 사회를 관통하는 진실 그 자체이다.

02

케네디 대통령의 소비자 권리 선언
소비자는 유권자

사회 운동의 궁극적인 목표가 더 바람직한 사회를 지향하는 것이라면 소비자 운동은 그 전형적인 본보기일지 모른다. 한국사회의 소비자 운동은 60여년 가까이 기업의 잘못된 관행, 미비한 정부 정책에 대항하며 소비자의 권리의 증대를 위해 노력해 왔다.

소비자 운동의 험난하지만 활발한 전개로 국내의 소비자들은 과거 보다 높은 수준의 안전할 권리, 알 권리, 선택한 권리, 그리고 대표할 권리를 영유하게 되었다.

물론 소비자 운동이 한국에서 처음 시작된 것은 아니다.

현재의 소비자 운동은 19세기말부터 급격한 산업화를 이루던 미국에서 비롯되었다. 산업의 역사상 최초로 대량 생산, 대량 유통, 그리고 대량 소비 사회가 전개되면서 대기업 독점, 제품의 안전성 등이 문제가 대두되며 사람들의 관심과 개입을 유발하는 계기가 되었다. 그러나 20세기로 들어오면서 그 당시 진보적인 운동 중 일부였던 소비자 운동이 현재의 미국 사회에서 확고하게 자리를 차지 한 게 된 것은 1960년대 들어서였다.

미국에서는1960년대초에 이미 소비자를 단순한 구매자가 아닌, 민주주의라는 시장에서 '투표하는 유권자'로 인식하기 시작했다. 특히 존 F 케네디 대통령은 정부 차원에서 소비자 권리의 중요성과 필요성을 최초로 선언하며 소비자의 권리를 국가적 이슈로 본격화 했다.

케네디 대통령은 "소비자는 가장 큰 경제 집단이며, 경제와 관련된 거의 모든 공공기관 및 민간의 결정에 영향을 주지만, 그 목소리는 가장 적게 들린다."고 지적하였다.*

케네디가 최초로 소비자 보호에 대해 문제를 제기하고 우선 순위를 둔 것은 대선 공약의 일부이기도 했지만 당시로서는 신선하고 혁신적인 주장이었다. 케네디 대통령은 소비자 보호의 중요성을 강조하며 '안전할 권리' Right to Safety, '알 권리' Right to be Informed, '선택할 권리' Right to Choose, 그리고 '의견을 들을 권리' Right to be Heard 라고 하는 소비자의 4대권리를 공식적으로 천명하였다.

이 권리 선언이 시대를 넘어 오늘날에도 여전히 유효한 이유는 케네디 대통령이 소비자를 단순한 경제 주체로 보지 않고 정의롭고 공정한 사회를 구성하는 핵심 구성원으로 인식했다는 점이다. 소비자의 권리를 보장하는 것은 민주주의를 지키고 시장 경제의 건강을 유지하는 일로 이어지기 때문이다.

소비자의 현실을 날카롭게 지적한 케네디의 주장은 이후 미국에 국한되지 않고 자유시장 경제체제를 채택한 여러 나라에 깊은 울림을 주었다.*

결과적으로 소비자는 생산자와 대등한 경제 주체로서 정당한 권리를 가져야 한다는 인식이 보편화되었고, 이에 따라 세계 각국들은 뒤질세라 소비자 보호 정책과 법제를 정비하기 시작했다.

우리 나라 역시 이러한 흐름에 따라서 초창기의 헌법 124조에 당당히 소비자단체 활동의 자유를 명시했고 '소비자 기본법'을 통해 소비자 8대 권리를 법적으로 보장하였다. 당시로서는 세계적으로도 드물 만큼 시기적으로나 내용적으로 상당히 앞선 제도적 기반과 법적인 규정을 갖추었다.

그러나 여전히 법과 현실 사이에는 간극이 존재한다.

미비한 제도와 관행이라는 벽에 가로막히며 소비자의 권리의 실현은 아직 요원한 상황이다. 접근성이 어렵고 부족한 피해구제 절차, 기업 중심의 거래 관행, 소비자 교육의 부재로 소비자의 권리는 구두선에 그치는 형식적인 수준에 머물게 하고 있다. 진정한 소비자 주권의 실현을 위해서는 법과 제도를 뛰어 넘어 현실에서 실질적으로 작동시킬 집행력과 사회 전반에 걸친 인식의 개선이 절실한 상황이다.

---

* 1962년 3월 15일, 미국의 존 F. 케네디 대통령은 연두교서를 통해 역사상 최초로 소비자의 권리를 공식적으로 선언했다. 케네디가 의회에 보낸 소비자교서는 대통령이 소비자 보호라는 문제를 제기한 최초의 교서였다.
케네디는 교서에 앞서 이미 다양한 독립적인 규제 위원회를 새로이 정비하고, 정부조직 내에 소비자 대표를 늘림으로써 케네디는 자신의 대선 공약을 실천하기 위한 과정에 돌입하였다.

* 이후 유엔 등 국제기구와 각국의 소비자 운동에 힘입어 이 권리는 확대되어, 오늘날 전 세계적으로 통용되는 소비자 8대 권리로 발전하였다.
1. 안전할 권리 2. 알 권리 3. 선택할 권리 4. 의견을 반영 받을 권리 5. 피해를 보상받을 권리 6. 소비자 교육을 받을 권리 7. 단결하고 조직할 권리 8.쾌적한 환경에서 소비할 권리

03

소비자 권리의 완성, 소비자 권리 3법 법제화
입증책임 전환/집단 소송제/징벌적 손해배상제도

한국의 소비자 운동은 입법, 행정, 사법 등 다양한 정책 분야에서 골고루 펼쳐졌지만 특히 입법적인 부분에서 성공을 거두었다. 특히 국민적인 관심을 일으키는 비극적인 사건이나 커다란 사회적 스캔들이 일어 나면 국회는 서둘러 입법적 조치를 취하곤 했다. 안타까운 일이지만 여론만으로는 변화를 이끌어내기 어려운 것이 현실이고 선거를 통해 선출된 의원들 대다수는 대중의 눈치를 살피며 여론의 목소리에 귀를 기울일 수 밖에 없었다.

소비자의 이익을 옹호하고 혜택을 주기 위해 수 많은 법과 규제가 제정되었고 이러한 입법적인 성공에서 중요한 것은 올바른 목표를 선택하고 공격적으로 추진하며 반대 의견을 효과적으로 다루는 데 있었다.

일단 소비자의 이익을 위한 법이 제정되면 소비자 운동의 초점은 법의 적절한 보완과 시행을 위해 행정과 사법의 영역으로 이동한다. 국회는 소비자 보호의 큰 틀을 통과시키고 보다 개별적이고 구체적인 시행 조치는 행정기관으로 이관하는 방식이었다. 그러나 경쟁적인 시장에서는 소비자 보호법은 기업 경영에 중대한 영향을 미치는 동시에 기업들이 경쟁력을 강화하거나 또는 라이벌 기업을 견제 할 기회를 주기도 한다.

이제 기업들이 가장 긴장하는 법안인 소비자 기본 3법을 통해 소비자의 권익을 실질적으로 보장하기 위한 노력들을 살펴보겠다.

첫 번째 칼날은 입증책임 전환제이다.

과거에는 소비자가 제품의 결함, 서비스의 문제로 피해를 입으면 직접 피해와 결함의 인과관계를 입증해야 구제를 받을 수 있었지만 입증책임 전환제의 도입으로 이제는 기업이 자사의 제품에 결함이 없음을 스스로 증명해야 한다. 기업으로서는 사소한 문제의 책임도 기업에 전가될뿐더러 소송의 빌미도 될 수 있어 번거롭고 어려운 방향으로 바뀐 셈이다. 이것은 기술적이고 전문적 정보가 기업에 편중된 현실을 반영한 조치지만, 기업은 사소한 문제라도 소송의 빌미가 될 수 있기에 생산부터 유통까지 모든 과정에 대한 책임이라는 무거운 관리 부담을 질 수 밖에 없다.

두 번 째 칼날은 집단 소송제이다.

피해를 입었지만 개인적으로 소송을 할 수 있는 경제적 수단이나 의지가 충분하지 못한 소비자들이 모여 피해를 입은 모든 소비자의 이름으로 소송을 제기하도록 도와 주는 제도이다. 현재는 증권 등 일부 분야에만 제한적으로 도입되어 있지만, 소비자 전반으로 확대하려는 논의가 활발하다. 그러나 이 제도는 기업에 막대한 부담을 줄 가능성이 크다. 한 번의 문제로 수백, 수천 명의 소비자가 집단으로 소송을 제기할 수 있고 패소할 경우 천문학적 배상액의 지불은 물론 기업 이미지와 신뢰도에 치명적인 타격을 입을 수 있기 때문에 평시에도 사전 예방 및 내부 리스크 관리 비용이 증가할 수 밖에 없다.

마지막 칼날은 징벌적 손해 배상제 강화이다.

기업으로서는 가장 긴장할 수 밖에 없는 소비자 보호 법제이다.

기업이 고의 또는 중대한 과실로 소비자에게 피해를 입혔을 경우, 실제 피해액보다 훨씬 큰 금액을 배상하게 하는 제도이다. 단순 과실의 차원을 넘어선 '기업의 탐욕이나 은폐'에 대한 경종을 울리는 강력한 처벌규정으로 현행법상으로도 피해액의 3~5배까지 배상 명령이 가능하며 안전이나 품질관리 시스템이 미비한 기업은 하나의 소송으로도 도산이 될 수 있는 매우 큰 리스크를 안고 있다.

입증책임 전환, 집단 소송제, 징벌적 손해배상의 세가지 법안은 소비자 보호를 위한 강력한 무기이자 동시에 기업에게는 소비자 중심의 패러다임 전환을 알리는 경고등이다. 기업은 회피가 아니라 투명성과 신뢰를 기반으로 한 전략적 대응이 필요할 때이다. 물론 소비자 권익을 강화하면서도 기업이 과도하게 위축되지 않도록 균형을 취하는 절충적인 지혜도 모색해야 한다.

소비자의 무분별한 소송 남용을 막는 장치를 마련하고, 중소기업을 보호하며 더불어 사전 분쟁 예방을 위한 조정 및 중재 제도를 강화하는 노력이 병행해야 할 것이다.

04

소비자의 외침이
금융의 낡은 벽을 깬다

소비자 운동의 오랜 투쟁의 흔적은 금융업계의 수많은 법과 규제에 새겨져 있다. 그러나 방대한 규제완화의 물결 속에서도 불구하고, 소비자에게 미치는 혜택은 아직 미미하다.

"금리가 내렸는데 왜 내 대출 금리는 그대로인가?"

"도대체 금리 인하 효과는 언제 반영되는가?"

예대 마진에 대한 불만은 끊이지 않고 있다.

통상적으로 신용카드와 대출금 연체 이자는 일반 금리보다 높다. 결제일에 입금을 잊었다가 뒤늦게 상환하려 할 때 인터넷 금융의 복잡한 절차와 '대금즉시결제'라는 낯선 용어들 때문에 어려움을 겪는 경우가 많다. 때로는 이것이 연체를 유도하는 것이 아닐까? 라는 의문을 품은 적도 여러 번이었다.

금융 시장이 발전하며 예금, 적금, 대출, 증권, 보험, 펀드 외에 ETF나 ELS 등 파생상품에 이르기까지 금융상품은 다양해질수록 소비자의 혼란은 더욱 커지고 있다.

하지만 최근에 긍정적인 변화의 바람도 불고 있다. 보수적이었던 은행들 사이에서도 새로운 시도를 하며 변화의 움직임을 보이고 있는 것이다.

놀랍게도 최근에 들어서야 소비자들은 이자가 없는 당좌예금을 이자가 발생하는 당좌 예금으로 갈아 탈 수 있었고 덕분에 금융 소비자들은 한 해에만 수 백억 원 이상의 이익을 얻을 수 있게 되었다. 또한 저축예금을 이자 상한선이 있는 예금에서 수익률이 높은 신탁 예금으로 옮기는 변화도 있어 났다. 물론 금융규제완화에는 몇 가지 부정적인 측면도 있다. 과거에 무료였던 많은 서비스에 비용이 부과되고, 예치금이 적은 저축 예금 계좌에 유지비용이나 당좌예금의 매월 서비스 수수료 면제를 위해 높은 최저 예치금 기준도 신설되었다. 이러한 새로운 비용은 노인이나 저소득층에게 큰 부담이 되었지만 은행은 소비자 운동가들의 압력에 답하며 이들을 위한 몇 가지 특별한 프로그램을 제도화하기도 했다.

최근 한 시중 은행의 정책 변경의 사전 공지를 본 기억이 있다.

"우리 은행은 한국은행 금리 인하 시점에 맞추어 대출 금리를 조정하여 5일 후에 공지하고 인하 효과는 한국은행의 금리 인하시점으로 소급 적용하겠습니다."

이런 은행이 있다면 그 은행으로 대규모의 고객 이동이 일어날 것이다. 기본적인 사항만 충족시켜줘도 크게 반응을 하는 곳이 바로 금융권이다.

은행간의 소비자 유치경쟁을 왜 하지 않을까~?에 대한 대답은 할 수 없어도 분명한 것은 경쟁이 치열하지 않는 업종에서 세계적인 금융회사 탄생은 불가능하다는 것이다.

05

소비자는 '왕'인가 '봉'인가
'흔들리는 소비자 주권'

시대의 흐름에 따라 소비자의 신분은 끊임없이 변하였다. 한 때는 기업이 윤의 노예였던 봉이었고, 한 때는 모든 기업이 떠받드는 왕이었던 시절도 있었다. 현명한 의식을 가진 소비자가 많을수록 기업인은 소비자를 두려워하며 더 좋은 상품을 만들고 서비스를 개선하려고 노력한다. 이러한 풍토에서 성장한 기업은 시장에서 높은 경쟁력을 갖추고, 선진국들은 모두 그런 과정을 거치며 '고객은 왕이다.' 라는 불문율을 기업 경영의 핵심으로 삼았다. 그러나 영원할 것 같던 왕의 자리는 점차 흔들리기 시작했고, 일부 소비자는 어느새 봉처럼 희생양이 되거나 때로는 왕이 아니라 '갑질자'로 낙인찍히기도 한다. 같은 소비자임에도 왜 이토록 극과 극의 대우를 받게 된 것일까?

1990년대 전례 없는 호황을 누리던 대형 마트와 백화점은 상황 여하에 관계없이 과잉 친절이 유일한 마케팅 전략일정도로 무조건적으로 고객에 친절했다.

당시 A백화점에서는 고객이 반품을 원하면 무조건 환불 또는 교환을 허용했다. 품질 문제가 전혀 없어도 판매직원은 '죄송합니다' 를 반복하며 고객의 눈치보기에 급급했다.

그러나 2000년대 이후, 사용후기 문화와 모바일 쇼핑의 확대는 소비자를 더 이상 왕이 아닌 데이터의 근거로 바꾸어 놓았다.

알고리즘이 소비자의 취향을 분석해 상품을 추천하고, 리뷰 하나가 천 명의 구매를 좌우하는 상황이 되자, 기업들은 '선별적 소비자'에게만 집중하기 시작하였다. 실제로 B 대형 이커머스 플랫폼에서는 VIP 고객을 위한 전담 응대팀을 운영하지만, 일반 소비자는 불만 제기도 제대로 하지 못하고 기껏해야 챗봇으로 형식적으로 응대 받는 일이 대부분이다. 평범한 소비자는 기업의 관심에서 벗어난 봉이 되어가는 현실이다.

한편, 일부 블랙 컨슈머는 소비자의 권리를 악용해 왕이 아닌 폭군이 되었다. 2023년 C카페에서 '얼음이 너무 많다' 는 이유로 점장을 무릎까지 끓게 한 사건이 파장을 일으키며 사회적인 공분을 샀다. 이처럼 도를 넘는 갑질은 결국 다른 선량한 소비자들에게까지 피해를 끼치는 결과를 낳을 수밖에 없다.

결국, 소비자가 왕이 될지, 봉이 될지는 단순히 시대의 흐름이나 기업의 태도만으로 결정되지 않는다. 소비자 스스로의 책임감 있는 태도와 기업의 진정성 있는 소비자 중심 철학이 공존할 때, 비로서 진정한 '소비자 주권'이 실현될 수 있다. 왕도 봉도 아닌 '당당한 시민 소비자'를 지향하는 것이 우리가 나아가야 할 방향이 아닐까?

06

성장 뒤에 가려진 그림자, 대기업 중심의 경제의 명암
'균형이 무너지면 소비자 권익이 훼손된다'

소비자 운동가들은 종종 소비자문제의 원인을 기업들의 맹목적인 이윤추구에서 찾고, 그 해결책은 기업의 힘과 맞서 싸우는 데 있다고 주장한다. 이러한 주장은 한강의 기적이라 불리는 대기업 중심의 고도 압축 성장이 낳은 그림자이기도 하다. 물론 정부 주도의 산업화 전략 속에서 자본과 기술력을 갖춘 대기업과 재벌회사가 수출 산업을 주도하며 국가 경제를 견인해온 것도 부인할 수 없는 사실이다. 대기업의 공과 과는 뚜렷하며 긍정적인 평가와 부정적인 평가가 공존한다. 고속 성장의 시대에 대기업의 역할과 기여는 새삼 강조할 필요는 없지만 그 과정에서 간과된 것이 있다. 바로 중소기업의 성장기회가 줄어들고 소규모 기술 창업이 위축되었다는 점이다.

현재 국내 경제 생태계는 극심한 양극화에 노출되어 있다. 국내 대기업의 어마어마한 규모, 관료주의적 구조, 그리고 막강한 실물 경제의 영향력에서 파생하는 문제는 생각보다 심각하다.

거대한 기업의 폐해는 두 가지 근본적인 원인에서 비롯된다.

첫째, 대기업은 강력한 힘을 행사하지만 그 힘은 기본적으로 감시 받지 않는다.

기업은 정부와 대등한 정도의 힘을 휘두르면서도 대중의 감시나 책임으로부터는 대체로 자유로운 경우가 많다.

둘째, 기업 자체의 행위에 대한 개인적인 책임으로부터 보호받는 경향이 짙다는 점이다.

거대한 조직의 비밀과 무책임의 배후에 개인적인 책임은 사라지고, 대기업은 항상 가벼운 벌금만 내거나, 경영진들은 비난은 받지만 달리 처벌되지 않으며 잘못된 관리 형태는 아무런 변화 없이 계속된다.

대기업은 거대한 자본력을 앞세워 유통, 급식, 서비스업 등 중소기업에 적합한 업종까지 진출하여 소상공인과 청년 창업자들이 설 자리를 앗아가고 있는 실정이다. 전국 초·중·고등학교 및 대학교의 많은 구내식당이 대기업 계열의 급식업체에 장악되어 지역 급식업체나 사회적 기업의 진입이 원천적으로 차단되고 있는 현실이다. 대형 유통회사는 골목 상권까지 진입하여 동네 슈퍼, 편의점, 전통시장 상인의 생존을 위협하고 있다. 1970,80년대 콩나물, 두부를 파는 동네 구멍가게를 운영하며 자녀를 키우던 시절은 아득한 과거의 추억이 되고 말았다.

대기업의 중소기업 업종 침범 사례는 열거하기 힘들 정도로 흔하다.

이마트는 대형 마트 출점이 제한되자 편의점, 슈퍼, 잡화점과 경쟁하기 위하여 '노브랜드' 같은 소형 매장을 내세워 골목상권을 흔들었고, CJ프레시웨이, 삼성 웰스토리 등 대기업 급식업체들은 수익성이 높은 대형 병원이나 대학교 구내식당의 운영권을 독점했다.

SPC그룹은 브랜드 다각화의 명목으로 파리 바게뜨를 비롯한 다양한 외식 브랜드를 통해, 제과, 카페시장을 잠식하며 독립 베이커리와 개인카페의 영업을 위협했다.

쿠팡은 '로켓프레시'를 통해 신선식품 시장에까지 진출하며, 지역 중소 유통망과 소규모 농산물 판매업체들의 생존 기반을 흔들고 있다.

이처럼 대기업이 중소기업의 적합 업종에 침범하는 행위는 단순한 시장 논리를 넘어, 경제적 불균형을 심화시키고 창업 생태계를 약화시킬 뿐으로 이는 결과적으로 일자리 감소와 경제 활력 저하라는 악순환으로 이어질 수 밖에 없는 것이다.

07

시장을 지키는 파수꾼
언론과 NGO(민간 소비자단체)의 사명과 역할

기업이 시장과 정부에 막강한 영향력을 행사하고, 소비자들이 무관심하고, 언론마저 기업의 편에 서고, 시민단체의 활동이 미미하다면 사회의 미래는 어떻게 되어갈까?

사회와 국가가 존립하기 위해서는 정부, 국회, 사법부 등 공식적인 조직과 제도적 시스템이 반드시 작동해야 한다. 그러나 이러한 공식 시스템만으로는 사회 곳곳에서 발생하는 모든 사안과 문제에 실시간으로 대응하기에는 한계가 있다. 특히 예측 불가능한 새로운 이슈, 사각지대에 놓인 인권 침해, 소비자 피해, 환경 문제 등은 공적 제도권의 감시망을 벗어나기 쉽다.

이러한 공백을 메우는 존재가 바로 언론과 민간 소비자단체, 즉 NGO이다. 이들은 '사회의 감시견' Watchdog'으로서 새로운 이슈를 발견하고 이를 공론화하며, 권력과 거대 자본의 남용에 브레이크를 거는 중요한 역할을 수행한다.

그러나 매스 미디어가 언제나 소비자 운동에 우호적이었던 것은 아니었고, 1990년대 중반까지만 해도 국내 언론은 소비자 문제에 대해 무관심하였고 심지어 냉소적이기까지 하였다.

최근에는 소비자 보호를 위한 칼럼이 실리고 TV의 프로그램에 소비자 코너가 신설되는 등 부분적으로 반가운 현상도 있지만 소비자 문제를 보도하는 전반적인 수준은 여전히 미흡한 편이다.

일반적인 대중 매체는 광고 수입에 의존해 운영하는 만큼, 자신들의 후원 기업을 공격하기 어렵다. 또한 대중매체 자체가 수익성이 높은 기업이라는 본질 때문에 매스 미디어는 판매자와 소비자간의 갈등을 해결해 주는 것이 아니라 문제의 원인이 될 수도 있다. 이러한 연유들로, 소비자 운동을 하는 사람들은 그다지 매스 미디어를 신뢰하지도 않는다.

건강한 사회를 유지하기 위해서는 반드시 언론의 자율성과 활발한 활동이 보장되어야 한다.

언론과 매체가 건전하게 소유하고 정상적으로 기능할 수 없다면, 정부는 공공의 이익을 위해 언론을 감시해야 할 필요가 있다.

소비자를 보호하는 또 다른 중요한 파수꾼은 환경단체 NGO이다.

한강 하구의 불법 폐기물 투기 의혹이나, 기업의 탄소 배출 조작 사실 등, 정부가 미처 감시하지 않은 사건을 시민단체와 언론이 문제를 제기하고 협력하여 국민의 환경권을 지켜내는 성과도 많았다.

급변하는 디지털 시대에는 소비자 피해 또한 다양해지고 있다. 예를 들어, 4차 산업혁명과 관련된 게임, 앱 결제 피해나 AI 오작동으로 인한 차별적 결과와 같은 문제들은 아직 법적 기준이 명확하지 않다.

이러한 문제 역시 언론과 NGO가 먼저 나서 피해 사례를 수집하고, 제도 마련을 촉구해야만 해결의 실마리를 찾을 수 있다. 가습기 살균제 사건은 정부와 기업이 모두 놓쳤던 소비자 안전 사각지대에서 벌어진 참사였다. 수많은 사망자와 중증 피해자가 발생했지만, 사건의 원인을 처음 공론화하고 기업의 책임을 물은 것은 주류 언론이 아닌 한 탐사보도 기자의 취재와 피해자 지원에 앞장선 시민단체였다. 이들의 집요한 노력이 없었다면 사건의 진실은 아직도 어둠 속에 묻혀 있었을지도 모른다.

결국 언론과 NGO의 활동은 단순한 민원처리를 넘어, 우리 사회가 깨어 있는지 죽어 있는지 가늠하는 중요한 바로미터다. 이들의 사명과 역할이 제대로 작동할 때, 비로소 그 사회는 '살아 있는 사회'라 부를 수 있을 것이다.

08

주거소비자, 행복할 권리
꿈과 절망 속에

고도 경제 성장 시절, '내 집 마련'은 성실한 삶에 대한 최소한의 약속이자 모두의 꿈이었다. 하지만 오늘날은 다르다. 똑같이 노력해도 누군가는 집을 통해 '부의 증식'을 경험하고, 누군가는 집의 무게에 짓눌려 선택을 후회한다.

수년 전 서울 강남의 집을 팔고 경기도 용인 수지로 이사를 간 A씨의 사례가 이를 보여 준다. A씨는 미래의 개발 가능성도 조심스럽게 예상했지만, 쾌적한 환경, 넓은 공간과 여유로운 생활을 기대하며 이사를 결정했다.

모든 것은 성공적이었다. 처음 몇 년은 맑은 공기와 한적한 산책길에 만족했고 가족과 함께하는 시간은 더할 나위 없이 좋았다. 하지만 시간이 흐르자 상황은 변했다. A씨가 필요한 병원, 백화점 등 주요 인프라와 친구들은 서울에 있었고 조용했던 환경은 점차 지루하게 느껴지기 시작한 것이다. 진정한 충격은 예전에 살던 강남의 치솟은 부동산 시세를 둘러본 순간에 찾아 왔다. 현재 집의 시세로는 강남의 전세조차 어려웠다.

A씨의 이야기는 주거 소비자들이 흔히 겪는 '덧박자'의 전형적인 사례로 불운으로 돌릴 일도 아니다. 재개발, 재건축 규제, 분양가 상한제, 대출 규제 등 예측 불가능한 정부의 정책에 따라 부동산 시장이 춤을 출 때 소비자들은 그 리듬과 장단을 맞추지 못하고 그저 허공만 응시할 뿐이다.

서울의 강남지역과 변두리, 아파트와 빌라, 수도권과 지방의 격차는 단순한 주거 공간의 차원을 넘어 존재 자체를 위협하는 상대적 박탈감으로 이어지고 있다.

소유한 자와 소유하지 못한 자의 간극은 점점 벌어져, 점점 더 깊은 심리적 절벽이 되어 가고 있다.

수십 년을 성실히 살아도, 단 한번의 잘못된 선택을 하면 '내려앉은 계층'이 된다는 좌절감으로 그 사회적 피로감은 극에 달하고 있다.

집과 주거는 단순한 소비가 아니다. 가족의 삶을 꾸리는 기반이자, 사회적 이동성의 지렛대가 되어야 한다. 하지만 현실은 오히려 사람들을 한 자리에 고정시키고, 소외시키며, 끝없는 후회와 자책을 남기고 있을 뿐이다.

정부의 정책에 기댈 수밖에 없는 현실, 집이 투기의 대상이 되고, 삶이 정책의 도구가 된 현실은 서글프기만 하다. 내 집 마련의 기회는 특정 계층의 전유물이 되어가고, 젊은 세대는 월세와 전세의 굴레에 갇혀 불안한 미래를 막연히 기다릴 수 밖에 없는 상황이다. 일상에 드리워진 불안정함의 그림자의 끝에는 항상 '상대적 박탈감'이 자리하고 있다. 앞으로는 질문의 방향을 바꿔야 때이다.

"어떻게 하면 집을 살 수 있을까?"에서 "왜 집이 이토록 삶을 흔드는가?"로 말이다.

09

아파트 관리비의 숨은 비밀 **대손 충당금의 구성**

아파트에 사는 사람이라면 매달 어김없이 받는 것이 바로 관리비의 고지서다. 정기적인 고지서라 자세히 살펴 보지 않고 총액만 확인하고 넘어가지만, 때로는 낯선 항목에 의문을 품기도 합니다. 그러나 관리비 고지서의 항목에는 명확한 용도와 목적이 있다.

아파트 관리비는 공용 전기/수도 요금, 경비 및 청소 용역비, 승강기 유지보수비, 장기수선충당금, 대손충당금 등 다양한 항목으로 구성되는데 그 중 '대손충당금' 이라는 생소한 항목이 눈에 띈다.

대손충당금은 입주민 중 일부가 장기간 관리비를 미납할 경우, 이를 회수하지 못할 가능성을 대비해 미리 적립해두는 일종의 보험성 준비금이다. 즉, '못 받을 돈'을 예상하고 전체 입주민이 조금씩 분담하는 것이다.

대손충당금을 적게 책정하면 당장 매월 관리비 부담이 줄어든다. 입주민 입장에서는 관리비가 낮게 유지되어 좋을 수 있다. 그러나 미납자가 발생해 충당할 일이 발생하고 충당금이 부족하면 결국 다른 입주민이 추가로 관리비를 분담해야 하는 예기치 않는 관리비 인상사태가 벌어 질 수도 있다. 반대로 대손충당금을 넉넉히 적립해두면 매달 관리비는 다소 높아지지만, 특정 세대의 관리비 미납으로, 전체 공동체가 피해를 보는 것을 막을 수 있으며 추가 부담은 적어진다.

일종의 '공동체의 안전망' 역할을 하는 것이다.

핵심은 '적정성'이다. 가장 중요한 것은 바로 적정한 대손충당금의 수준을 어떻게 정하느냐는 것이다.

너무 적으면 위기상황에 대처하기 어렵고, 너무 많으면 입주민에게 불필요한 부담이 되기 때문이다.

이를 위해서는 과거 연체율, 세대 구성, 임대 비율, 단지 규모 등 실질적인 데이터를 기반으로 합리적인 산정기준을 마련해야 한다. 입주민은 단순히 고지서를 받는 수동적인 소비자가 되어서는 안 된다.

관리비 명세서를 꼼꼼히 확인하고, 관리비 예산결산 총회나 회계 감사 결과에 관심을 가져야 한다.

관리사무소와 입주자대표회의가 대손충당금을 어떻게 적립하고 사용하는지 파악하면, 관리비의 투명성을 높이고 아파트 공동체의 재정 건전성 유지에도 기여할 수 있다.

결론적으로, 대손충당금은 '당장의 부담'과 '미래의 안심' 사이에서 균형을 잡는 문제이다. 관리비에 대한 불신은 정보의 부재에서 시작된다.

소비자 입주민이 주체적으로 관리비의 구조와 항목을 이해하고 감시할 때, 비로소 우리 아파트 공동체는 더 건강해질 수 있다.

Ⅱ

현명한 소비자의 권리와 책임

10

순간의 선택이 10년을 좌우한다. 양날의 검-광고 카피의 역설

"순간의 선택이 10년을 좌우한다."*

1980년 금성사 (지금의 LG전자)의 하이테크 컬러 TV의 광고카피로 시대를 초월하여 전설로 남았다.

간결하고 명확한 표현으로 늘 선택의 기로에 있는 사람들의 공감을 얻었다. 가전 제품을 구매하는 소비자들에게 강한 인상을 심어준 광고는 성공을 거두었다. 너무도 성공적이었지만 시간이 흐르자 성공적인 광고는 LG전자에 예상치 못한 족쇄가 되었다. 과연 무슨 일이 일어난 것일까?

당시의 소비자들은 이 광고의 탄생부터 광고 카피를 말 그대로 받아들였다. 세탁기든 냉장고든 한 번 구입하면 10년은 써야 한다는 생각이 소비자들 사이에 알게 모르게 퍼지며 LG전자는 오래 쓰는 브랜드라는 이미지를 확고히 구축했다. 기업 브랜드에 대한 신뢰는 유지되었지만 문제는 제품을 너무 너무 오래 쓴다는 데 있었다. 해외에서는 세탁기의 내구 연한을 5년, TV 같은 대형 가전은 7년 내외로 설정하고 사용기간이 넘으면 고장도 잦고, 성능도 떨어져 교체 수요가 일어나고 자연스러운 반복 구매로 이어져 기업의 매출에 도움이 된다. 그러나 한국의 상황은 달랐다. LG전자의 강력한 광고가 심어 준 '10년 신화'는 소비자들의 지갑을 굳게 닫게 만들었다. 현실적으로 제품이 문제가 없는데 굳이 새 것을 살 이유는 없었다. 기업 입장에서는 충성도 높은 고객이지만, 동시에 새 모델을 구입하지 않는 '충성형 소비 정체' 상태에 빠져버린 셈이 된 것이다.

너무 강력한 광고와 너무 잘 만든 제품이 낳은 역설인 결과라 할 수 있다.

결과적으로 손해는 기업이 안고, 이익은 소비자에 갔다. 소비자는 긴 수명의 가전제품을 사용하며 '가성비의 미덕'을 누렸지만 기업은 판매 부진이라는 부담을 안게 된 것이다. 그러나 시대는 변하고 있다. 가전제품에도 AI 가능이 충실하게 들어가고, 친환경 기준이 강화되면서 교체 주기는 점차 빨라지고 있다. 과연 다음 세대의 광고 카피는 어떤 메시지를 담게 될까? 어쩌면 '지금의 선택이 미래를 연결한다' 같은 말로, 10년이라는 시간을 뛰어넘는 업그레이드의 시대를 준비해야 할지도 모른다.

---

* 삼성전자의 "한국지형에 맞는 삼성 Anycall" 광고도 비슷한 사례이다.

11

현명한 소비자의 세가지 조건
정보, 계획, 그리고 성실함

기업이 더 많은 이윤을 추구하는 것이 목적이듯이 소비자도 스스로의 이익을 극대화하고 보람 있는 삶을 추구할 권리가 있다. 기업이 이윤의 극대화를 위해 보다 더 현명한 경영방식을 고민하듯이 소비자 역시 풍요로운 삶을 위해 더 현명해져야 한다.

흔히 소비자들을 합리적인 존재로 생각하기 쉽지만 현실은 반드시 그렇지 않다. 소비자의 결정이 항상 충분한 정보를 얻은 상황에서 이루어지는 것은 아니다. 충분한 정보를 얻지 못하는 이유는 시간에 쫓기거나, 유용한 정보를 얻는 데 많은 비용과 노력이 들기 때문입니다.

소비자들은 현명한 선택을 할 수 있을 때까지, 수 많은 선택의 기로에서 원점으로 돌아 오는 먼 길을 걸어야 한다. 더욱이 최근 들어 신상품의 기술적 정교함과 복잡성이 소비자들의 현명한 결정을 더욱 어렵게 만들고 있다.

판매자는 소비자에게 자신에게 유리한, 선택적이고 부분적인 정보만을 제공하려 한다. 예를 들어, 자동차 회사는 저렴한 가격에 대해서는 집중

홍보하고 대대적으로 광고를 뿌리지만 내구성이나 에너지 효율에 대해서는 대체로 묵묵부답이다.

합리적인 소비자라면 추가적인 정보를 얻는 비용이 그 정보의 기대 수익과 같아질 때까지 정보를 탐색을 할 것이다. 그러나 시간이 없는 소비자라면 정보 탐색을 포기할 수도 있다. 그렇다고 그들을 비합리적이라고 단정할 수는 없다. 소비자들이 믿을 수 있는 정보를 얻기 어렵다는 사실을 인정하면서도 최소한의 필요한 정보를 얻으려는 희망을 비현실적이라고 할 수 있는가?

예를 들어, 가전제품은 백화점에서 할인점보다 더 저렴하게 구입할 수도 있다고 한다. 가장 비쌀 것 같은 백화점에서 어떻게 이런 일이 가능할까? 백화점 개업 30주년 행사 기간에 100만원 이상 구매고객에게 주는 상품권과 개업 30주년을 핑계로 입점 업체에 요구하는 할인, 그리고 기타 사은품을 합치면 오히려 저렴하게 구매할 수 있는 것이다.

현명한 소비자가 되는 조건은 3가지다.

첫째, 정보탐색 능력이다.

다양한 쇼핑 정보를 얻을 수 있는 루트를 개발하고 여러 상품을 비교하며 구매하는 데 능숙해야 한다.

둘째, 계획적인 구매가 필요하다.

급하게 사면 비싸게 사기 마련이고, 판매업체들이 1+1 같은 프로모션을 주기적으로, 경쟁적으로 진행한다는 점을 기억해야 한다주의 깊게 살펴 보면, 국내 라면 3사는 이번 달에 A사, 다음달에 B사, 그 다음달에는 C사가 돌아가면서 프로모션을 하는 것을 알 수 있다.

셋째, 물론 성실함이다.

첫째, 둘째의 조건을 이루기 위해서는 부지런하고 꾸준한 노력이 뒷받침되어야 가능하기 때문이다.

12

정보의 홍수, 길을 잃은 소비자
'보이는 것이 전부가 아니다'

2025년, 하루에 한국인들이 얻는 정보는 조선 시대 사람들이 평생에 걸쳐 얻을 정보량과 얼추 같고 뉴욕 타임즈 하루치의 기사들은 200년전 미국인들이 평생 접했을 정보량과 비슷하다고 한다. 현대인은 문자 그대로 정보의 홍수 속에 아니 정보에 깔려 살고 있다. 그러나 정보가 넘쳐나도 마음은 공허하고 생산성은 높아도 행복하지 않는 역설적인 상황에 처해 있다. 우리가 콘트롤 할 수 있는 유일한 하루 24시간이 무분별하고 의미 없는 정보에 무너지고 있기 때문이다.

정보의 홍수라는 혼돈 속에서 살아남기 위해서는 단순히 많은 정보를 접하는 것을 넘어, 필요한 정보를 선별하고, 올바르게 해석하며, 의미 있게 활용하는 지혜가 필요하다.

오늘날 소비자는 더 이상 수동적으로 정보를 받아 들이는 존재가 아니다. 넘쳐나는 정보 속에서 스스로 무엇을 선택하고 판단하는 능동적인 주체로 진화했지만 정보의 양이 올바른 판단을 보장해주지는 않는다. 오히려 무비판적인 선택적 수용과 감정적 반응이 냉철함을 흐리게 만드는 경우가 허다하다.

소비자가 기업을 바라볼 때 가장 경계해야 할 세 가지 단어가 있다.

바로 치우침 Bias, 선입견 Prejudice, 고정관념 Stereotype 이다. 이 세 가지가 소비자의 귀를 막고, 눈을 가리는 주범이며 사실보다 인상을 이끌려가게 만든다.

첫째, 치우침, 보고 싶은 것만 보고, 믿고 싶은 것만 믿는 것이다.

넘쳐나는 정보 속에서 소비자들은 자신이 믿고 싶은 정보만 골라서 받아들이는 경향이 있다. 어느 기업의 서비스나 제품이 만족스러우면, 그 기업이 저지른 실수는 일시적인 미스로 용서하며 관대해진다. 반대로 한번이라도 불쾌한 경험을 했다면 그 기업이 아무리 좋은 제품을 내놓아도 무조건 외면한다. 이러한 감정적 치우침은 기업을 제대로 공정하게 평가하는 것을 방해하는 가장 큰 걸림돌이다.

둘째, 선입견은 처음부터 답을 정하고 평가하는 습관이다.

소비자들은 특정 분야, 특정 브랜드, 특정 국가의 기업에 대해 갖고 있는 편견이 있다. 예를 들어, '대기업은 소비자를 착취한다'는 선입견에 사로잡히면, 그 기업이 제공하는 가치와 개선노력을 무시하게 된다. 선입견은 객관적인 사실을 외면하게 만들어, 결국 소비자에게 피해를 줄 수 있다. 기업의 진정한 개선 노력이 소비자에게 전달되지 못하게 만드는 장벽이기 때문이다

마지막으로 고정관념은, 기업에 대해 틀에 박힌 변하지 않는 인식을 의미한다.

'OO 브랜드는 비싸기만 해' 라거나, '중소기업 제품은 믿을 수 없어'와 같은 생각은 끊임없이 변화하고 혁신하는 기업을 제대로 판단할 수 없게 만든다. 과거의 평판으로 현재의 수준을 파악할 수는 없다. 고정관념은 소비자의 시야를 과거에 묶어두고, 더 나은 선택의 가능성을 차단하는 것이다.

현명한 소비자는 감정의 소비자가 아닌 이성의 소비자여야 한다. 어떤 기업이든 그 성과와 도덕성은 단편적인 이미지나 감정적 반응에 휘둘려 판단해선 안되고 구체적인 사실과 실적에 따라 판단되어야 한다. 냉철하고 객관적인 시각은 좋은 기업을 찾고, 나쁜 기업을 걸러낼 수 있는 훌륭한 도구이다. 결국, 현명하고 똑똑한 소비자의 눈이 건강한 시장을 만드는 것이다.

13

브랜드자산(Brand Equity)에 현혹된 소비
보이지 않는 가치와 숨겨진 진실

한국의 소비자의 두드러진 특징은 상품의 품질에 민감하고, 브랜드와 신제품을 선호한다는 점이다. 타인의 시선을 유난히 의식하는 사회적, 문화적 특성이 강한 것이다. 상품 자체의 가치보다 그 상품을 소유하고 있는 자신에게 보내는 다른 사람의 부러움과 평가를 더 중요하게 여기는 것이다.

우리나라 사람들이 일반 상품보다 브랜드 상품에 훨씬 더 많은 돈을 지불하는 이유이다. 눈에 보이지 않는 명성과 평판을 얻기 위해 기꺼이 비싼 브랜드 상품을 선택하는 것이다. 기업의 성장 가능성과 경쟁력을 평가하는 중요한 잣대 중 하나인 브랜드 자산Brand Equity은 이러한 '보이지 않는 가치'를 의미하는 것이다. 일반적으로 브랜드 자산은 인지도, 연상 이미지, 지각된 품질, 충성도의 4 가지 요소로 구성되지만 각 요소들이 실제 품질과 반드시 일치하는 것은 아니다.

'기술의 정점', '전문가의 선택'이라는 화려한 수식어를 부각하는 A사의 광고는 소비자들 사이에 인기가 높다. 실제로 '프리미엄 가전 브랜드'로 유명한 A사의 인지도는 압도적이고 소비자도 '고급스럽고 믿을 만한' 이미지를 떠올리며 기꺼이 지갑을 연다. 그러나 화려한 광고 이면에는 숨겨진 진실이 있다. 소비자원이나 외부 조사기관의 통계를 보면, A사의 제품의 실제 고장률은 평균보다 높은 것으로 나타난다.

반면 중저가 브랜드로 인식되는 B사는 광고 노출도 적고, 브랜드 인지도도 낮지만, 실제 고장률은 낮고 사후 서비스 만족도는 높다. 그럼에도 불구하고 소비자들은 여전히 A사의 제품을 더 좋은 제품이라 믿고 선택하는 경우가 많다. 왜냐하면 브랜드가 오랜 시간 쌓아 온 환상인 '지각된 품질' Perceived Quality 이라는 이미지가 소비자들의 눈과 귀를 가렸기 때문이다.

소비자는 오랫동안 쌓아온 브랜드 자산 때문에 지각된 품질과 실제 품질 사이의 간극을 인지하지 못하는 경우가 많아서 판단이 흐려진 것이다.

소비자는 가전제품, 전자기기, 자동차와 같이 장기간 사용하는 내구재를 구매할 때는 브랜드 이미지보다 실제 성능과 내구성, 고객서비스 이력 등을 철저히 검토해야 한다. 광고는 기업이 주장하는 표현일 뿐이고, 고장률은 제품이 직접 말해주는 진실이기 때문이다.

물론 브랜드 자산도 소비자에게 중요한 선택의 기준이 될 수 있지만, 맹목적인 신뢰는 소비자 피해로 이어질 수 있다. '유명하니까 괜찮겠지'라는 막연한 기대보다, 한 번쯤 객관적인 사용 리뷰와 통계자료, 그리고 다른 소비자의 경험을 냉정하게 살펴보는 것이야말로 현명한 소비자가 자신을 지키는 유일한 방법이다.

---

* 브랜드는 소인을 찍는다는 의미의 영어 'Burned'에서 파생된 명사로 자신의 소유물을 다른사람의 그것과 구별하는 것에서 유래했다.

14

보이스피싱, 귀가 눈을 지배하는 세상 '나는 안 당해'라는 착각

'귀를 믿고 눈을 의심하는 자는 병을 앓는다' 라는 옛말은 남의 말은 믿어도 자신의 눈으로 본 것은 믿으려고 하지 않는 사람들을 경고하는 금언이다.

어리석은 사람은 들은 것을 이야기하고 지혜로운 사람은 본 것을 말한다.

이러한 경향은 예나 지금이나 변함없는 인간의 약점이다. 그리고 이 약점을 가장 교묘하게 파고드는 것이 바로 보이스피싱이다.

대부분의 사람들은 "나는 절대 그런 사기에 안 걸려." 라고 자신한다. 하지만 이 자신감이야말로 보이스피싱 조직이 노리는 가장 약한 고리일 수 있다. 의사, 교수, 판사, 심지어 신용정보 회사의 간부조차도 보이스피싱이나 스미싱으로 거액의 돈을 잃었다는 뉴스를 심심치 않게 볼 수 있다.

보이스피싱의 피해가 큰 무대일수록 '정보에 밝다는 사람'들이 주인공이다. "정신을 차려보니 이미 돈이 빠져나가 있었다"고 푸념한다.

설마가 현실이 되는 순간이다.

보이스피싱의 피해가 반복되는 이유는 수법은 점차 치밀해지는데, 소비자는 여전히 설마 라는 안일함에서 머물러 있기 때문이다.

특히 다음과 같은 성향의 사람일수록 보이스피싱의 위험에 더 노출된다.

우선 강한 자기 확신을 가진 사람이다.

'나는 절대 사기를 안 당한다' 믿는 사람일수록 오히려 당할 가능성이 높다. 사기범들은 경계심이 없는 심리를 파고들어 '당신만 특별한 기회가 있다' 고 속삭인다. 자기 확신이 강한 사람은 쉽게 귀를 기울이고 쉽게 속아 넘어간다.

체면을 중시하는 사람도 문제다.

모르는 번호나 낯선 통화를 함부로 끊지 못하고, 실수를 인정하기 싫어하는 사람은 더 큰 피해를 볼 수 있다. 피해 사실을 숨기려 오히려 더 깊은 수렁으로 빠지는 경우가 많다.

과거에 피해를 본 경험이 없는 사람도 마찬가지이다.

한 번도 속아본 적 없다는 사람일수록 보이스피싱에 무방비로 노출된다. 사기범들은 이들의 심리적 틈새를 읽고 첫 타격에 모든 것을 걸기 때문이다.

마지막으로 탐욕이 있는 사람으로 보이스피싱은 공포심뿐만 아니라 인간의 탐욕을 자극하는 수법도 자주 사용한다.

'투자 수익률 15% 확정,' "당첨금 수령을 위해 세금만 송금하라." 라는 유혹의 덫에 쉽게 넘어간다. 특히 돈 욕심 많은 사람은 합리적 판단이라는 이름으로 스스로를 속이며 착각한다. 사기범들은 이러한 심리를 정확히 노리는 것이다.

보이스피싱은 바보나 '정보에 취약한 사람'을 노리는 사기가 아니다. 그들은 1차 사기 대상이 아니다. 오히려 '나는 당할 리 없어'라는 자만심과 '이번 기회는 놓치기 싫다'는 탐욕을 집요하게 공격한다.

보이스피싱은 기술적 틈새를 파고들지도 요행도 바라지도 않는다. 유혹과 탐욕이라는 인간의 감정과 심리를 악용하는 전문가들이다. 결국 피해를 입는 가장 큰 이유는 정보의 부족이 아니라, 나의 본성이 읽혔기 때문일지도 모른다.

사람을 믿지 말고 상황을 믿어야 한다.

우리 모두 정보와 신뢰를 돈으로 바꾸는 세상에 사는 금융소비자로 의심하고 경계해야 한다. 의심은 나쁜 습관이 아니고, 경계심은 나를 지키는 가장 현실적인 방패이다. 보이스피싱에 당하지 않았다고 자만하지 말라. 아직 당신의 차례가 오지 않았을 뿐 일수 있다.

15

상품권의 두 얼굴, 합리적 소비의 함정

보이지 않는 수익 · 손실

사람들은 공적인 문제를 스스로 결정하기를 원하면서도, 그 책임의 무게는 피하려 한다. 책임으로 시달리는 것을 원치 않기 때문이다. 깊이 생각하고 능동적으로 행동하는 것이 인간의 본성에 맞지 않는다는 것을 인정해야 한다. 소비도 마찬가지다.

깊이 생각하는 것은 많은 노력과 시간이 필요하기 때문에 차라리 믿어 버리는 것을 택한다. 소비자들의 수동적인 태도는 좋게 말하면 무관심이고 나쁘게 평가하면 세뇌되었다고 해도 과언은 아니다

특히 할인이라는 달콤한 유혹에 빠진 소비자들이 그렇다.

상품권은 대표적인 '합리적인 소비'의 상징처럼 인식되고 있다. 특히 10% 할인의 백화점, 레스토랑, 커피 전문점의 상품권은 큰 인기이다. '선물용', '자기 보상' 등의 미명으로 광범위하게 유통되지만 그 이면에는 소비자가 잘 알지 못하는 사용 기한과 미사용이라는 함정이 도사리고 있다.

A프랜차이즈 커피 전문점의 경우 10,000원권 모바일 상품권을 9,000원에 판매한다. 많은 사람들이 10%의 할인에 현혹되어 선물용으로 구입하지만 유효기간은 6개월에 불과하고, 그 기간이 지나면 연장 절차 없이 자동 소멸된다.

A 점의 내부 자료에 따르면, 상품권 구매 소비자 중 28%가 실제로 기한 내 사용하지 못했다고 한다. 즉, 100명 중 28명은 9,000원만 날리고 아무것도 얻지 못한 셈이다.

기업 입장에서 보면 디스카운트 10%를 고려해도, 사용되지 않은 상품권에서 18% 이상의 순수익을 얻는다.

처음부터 할인 상품권을 판매하는 이유가 바로 미사용 고객이 일정 비율로 존재한다는 사실 때문일지 모른다. 또 다른 사례로, 백화점 상품권 역시 마찬가지이다. B 백화점은 설이나 추석 시즌마다 5만원 상품권을 4만 7천원에 판매한다.

소비자는 '3천 원 이익' 이라 여기지만 해당 상품권은 명품매장이나 일부 식당가, 임대 매장 등 특정장소에서는 사용이 어렵거나, 제한을 두는 경우가 대부분이다. 이를 모르는 소비자는 상품권의 사용 기한을 넘기기 일쑤이고 물론 교환이나 환불도 불가능하다. 상품권은 현금 대체 수단이면서도 현금과 동일한 권리를 보장받지 못하는 불완전한 화폐인 셈이다.

할인된 상품권을 구매하기 전, 소비자는 다음의 체크리스트를 꼼꼼히 확인해야 한다.

상품권 사용의 유효기간이 언제까지인지? 연장이나 환불이 가능한지? 특정매장이나 품목 선택이 제한되는지?

정부와 소비자 단체도 상품권의 미사용으로 인한 기업의 일방적 이익에 대해 투명성을 요구하고 공정한 규제를 마련해야 한다.

눈 앞의 디스카운트보다 더 중요한 사실은 진정한 의미의 합리적 소비는 온전히 자신의 권리를 누릴 수 있을 때 비로소 완성된다는 점이다.

16

파스칼의 내기(Pascal's Wager)
현명한 소비, 지혜로운 내기

"신이 존재한다면 믿는 것이 이롭고, 존재하지 않더라도 믿는 것이 손해는 아니다."

17세기 프랑스 철학자이자 수학자인 파스칼은 자신의 저서 '팡세'에서 발표한 '파스칼의 내기' Pascal's Wager 를 통해 신앙 선택을 일종의 합리적 도박으로 설명했다.

신의 존재에 대한 확실한 증거가 없더라도, 믿고 착하게 사는 것이 결국 손해 볼 일이 없는 이로운 선택이라는 논리였다. 만약 천당과 지옥이 없다면 신을 믿고 살아도 잃을 것이 없지만, 진실로 이들이 존재한다면 믿지 않으면 돌이킬 수 없는 손해를 본다는 의미이다.

가장 손해가 적고, 이익이 클 수 있는 가능성이 높은 쪽을 선택하라는 메시지나 다름없는 것이다.

오늘날, '파스칼의 내기'는 불확실한 환경에서 합리적인 소비를 하려는 사람들에게 놀라울 정도로 정확하게 적용된다. 매일처럼 수많은 선택의 기로에 놓인 현대의 소비자들은 불확실한 정보, 예측할 수 없는 위험, 제한된 자원 속에서 살고 있다. 최소한의 손해와 최대한의 이익을 고려하는 즉, 기대와 위험을 동시에 관리하며 결정을 내리는, 파스칼적 판단이 현명한 소비의 핵심이 된 것이다.

'파스칼의 내기'의 사례는 소비자들의 일상 곳곳에서 찾아 볼 수 있다.

대표적인 예로 보험상품을 들 수 있다. 소비자가 보험에 가입하는 이유는 사고가 반드시 일어날 것이라는 믿음 때문만은 아니다. 사고가 없으면 보험료를 잃는 '작은 손해'를 볼 뿐이지만, 사고가 발생하면 지불한 보험료의 총액보다 훨씬 큰 보상금을 얻을 수 있는 '큰 이익'을 기대하기 때문이다.

"사고가 나지 않으면 다행이고, 나면 큰 도움이 된다."는 자세가 파스칼적 선택이다.

'파스칼의 내기'는 친환경 상품과 안전 제품의 구입에서도 적용된다. 유기농 식품, 무첨가 화장품, 친환경 세제 등을 선택하는 것도 같은 맥락이다. 이러한 친환경 제품들이 일반적인 제품보다 무조건 좋다고 단정할 수는 없지만 건강과 환경보호에 긍정적인 영향을 미칠 수 있다는 '큰 이익'의 가능성을 보고 조금 더 비싼 가격이라는 '작은 손해'를 기꺼이 감수하는 것이다.

설령 큰 차이가 없더라도, 감수할 수 있을 정도의 금전적 손해를 보는 것에 불과한 것이다.

"큰 이익의 가능성을 보고, 작은 손해를 감수하는 선택" 인 것이다.

오늘날 스마트 소비자는 단순히 가격만 보고 제품을 고르지 않는다.

사용 리뷰를 분석하고, 원산지와 성분을 확인하며, 브랜드의 도덕성까지도 따지는 소비자가 늘고 있다.

완벽한 선택은 불가능하다는 것은 알지만, 최선의 정보를 바탕으로 최대한 이득이 될 가능성이 높은 방향을 선택한다. 미래의 후회보다는 현재의 신중함을 택하는 사람들이다.

결국 합리적인 소비는 신중한 내기이다. 모든 소비자의 선택은 일종의 내기와 같다.

불확실한 정보 속에서 가장 손해가 적고 이득이 클 가능성을 따지는 소비자의 태도는 파스칼의 내기와 닮아 있다. 소비는 단순한 돈의 문제가 아니라, 정보와 신중함, 그리고 미래를 내다보는 지혜의 문제인 것이다. 파스칼의 내기처럼, '손해보지 않는 선택'을 향해 한 걸음씩 나아가는 것이야말로 진정한 합리적 소비의 시작점이다.

17

'No Show'는 우리들의 거울, 깨어진 약속의 흔적 진정한 권리 그리고 책임의 두게

예약은 신뢰의 약속이다.

노 쇼 No Show는 사전에 예약을 했지만 약속 장소에 나타나지 않는 것을 의미하는 것으로 주로 레스토랑, 병원, 공연장, 호텔 등 다양한 곳에서 발생한다.

노 쇼는 예약 고객을 위해 준비한 업체의 시간과 노력 그리고 비용을 헛되게 만드는 것뿐만 아니라 그 자리에 채울 수 있었던 다른 고객의 기회마저 사라져 버리게 한다. 겉보기에 사소한 일탈처럼 보이지만, 노 쇼는 단순히 업체의 금전적 손실을 넘어 우리 사회의 신뢰를 갉아먹는 일종의 범죄라고 해도 과언이 아니다.

노 쇼는 단순한 무책임이 아닌, 사회의 신뢰도를 비추는 거울과 같은 것이다. 한국 외식업중앙회 조사에 따르면, 예약 고객 중 최대 20%가 노 쇼라고 한다. 특히 주말이나 연말연시, 공휴일처럼 예약이 몰리는 시기에 그 피해가 더욱 커진다. 또한 단체 행사가 많은 업장일수록 큰 타격을 받는다고 한다.

예를 들어, 강남의 40석 규모의 A 레스토랑에 25명의 단체 회식의 예약이 잡혔지만 당일 예약 시간 한 시간 전에야 일정이 바뀌었다는 취소 통보에 레스토랑은 준비해 둔 음식 재료와 추가 인력에 대한 손해를 고스란히 떠안아야 했다. A 식당은 하루 매출의 70%를 날리며 상당한 영업 적자를 감수해야 했다.

노 쇼는 병원에서도 심각하다. 특히 소아과의 경우 예약을 하고도 나타나지 않는 무책임한 보호자들 때문에 진료계획에 차질이 생기기 일쑤이다. B 병원은 노 쇼 환자가 전체 예약의 30%에 달하자 결국 당일 대기 환자만 받는 방식으로 운영을 변경했다. 의료진의 시간 낭비뿐만 아니라 제때 진료를 받지 못하는 다른 환자들의 불편과 대기 환자들의 혼선을 무시할 수 없었기 때문이다.

소비자의 권리는 자신이 누리는 서비스가 누군가의 준비와 배려로 제공된다는 것을 기억해야 한다.

당신의 가벼운 약속 위반이 누군가의 생계를 흔들 수도 있다. 불가피하게 예약을 취소해야 한다면. 단 5초의 문자나, 10초의 통화로 반드시 사전에 연락해야 한다. 누군가에게 기회를 제공할 수 있고, 불필요한 피해도 막을 수 있기 때문이다.

소비자의 권리는 그에 따른 의무와 책임이 따를 때 비로소 진정한 의미를 갖는다. 소비는 계약이고, 예약은 신뢰의 표현이기 때문이다.

최근 들어, 반복되는 노 쇼의 손실을 막기 위해 일부 업체들은 선 결제 제도나 예약금 환불 불가 정책 심지어 상시 블랙리스트 운영 등 적극적인 대응에 나서고 있지만 이러한 공격적인 대책은 자칫 선의의 소비자들과의 마찰을 낳을 수도 있어 우려가 되고 있다.

이처럼 소비자의 권리만 강조되고, 소비자의 책임은 모호하고 불명확하게 규정되면 착한 소비자만 고통 받는다는 것을 잊지 말아야 한다.

신뢰와 약속은 일방적일 수 없다. 우리 사회의 최소한의 약속인 노 쇼 금지를 실천하는 소비자들이 늘어날수록 더 나은 신뢰의 사회로 나아갈 수 있을 것이다.

해외사례 비교

일 본	예약 후 무단 불참은 사회적 예의 위반으로 간주되고 음식점에서는 '노쇼 방지 서약서'까지 도입되어 있으며, 의료기관에서 노쇼를 반복하면 진료 거부 가능.
영 국	NHS(국민의료서비스)에서는 예약 진료를 어기면 공식 경고와 함께 이용 제한이 가능하다.
프랑스 독일	문화적으로 '약속은 계약'이라는 인식이 강하고 예약금 제도와 함께, 노쇼에 따른 손해배상 청구도 가능

18

유기농 농산물의 진실, 오해와 혼란

소비자의 안전한 권리는 알 권리에서 시작된다.

최근 들어 건강과 안전에 대한 관심이 높아지면서 유기농 농산물에 대한 수요도 빠르게 증가하고 있다. '유기농'은 자연 친화적이고 위생적인 이미지로 마치 '안전한 먹거리'의 대명사처럼 여겨지지만 여기에는 소비자들이 충분히 인식하지 못하는 빛과 그림자가 공존한다.

개인적인 경험으로 살펴 본다. 지인의 유기농 블루베리 농장을 방문했던 경험은 유기농의 현실을 깨닫게 했다. 비록 이른 철이기는 했지만, 하루 종일 땀을 흘리며 밭을 누벼도 목표의 절반에도 못 미치는 4kg의 수확에 만족할 수 밖에 없었다. 지인은 무농약 재배의 고된 노력을 모른 채 비싼 가격만 불평하는 소비자들에게 "농약을 투입해 수확량을 늘려 가격을 낮추는 방법밖에 없다."며 씁쓸해했다. 친환경 농법의 진정한 가치를 알리는 것이 유기농 산업의 가장 중요하고 선결적인 과제라는 것을 깨달은 순간이었다.

유기농의 신뢰와 가치

유기농 농산물은 화학비료나 합성 농약을 사용하지 않고 재배된다는 점에서 명백한 장점이 있다.

첫째, 지속 가능한 농업방식으로 토양, 물, 생태계를 보호하며 미래 세대까지 고려하는 윤리적 소비가 가능하다는 점이다. 특히 유기농 재배는 알레르기가 있거나 면역이 약한 아이를 둔 부모들에게 '안심 먹거리' 이라는 큰 가치를 제공한다.

둘째, 영양학적 우수성이다. 일부 연구에 따르면 유기농 제품이 항산화물질이나 미량 영양소가 일반 농산물보다 높을 수 있어, 건강한 식단을 추구하는 소비자들에게는 매력적인 선택지인 것이다.

유기농의 오해와 혼란

하지만 유기농이 무조건 '더 건강하다' 거나 '무결점' 식품이라는 인식은 경계해야 한다. 여기에는 몇 가지 숨은 그림자가 있다.

우선, 가격과 품질의 불일치 문제가 있다. 유기농 제품은 일반 농산물보다 평균 2배 이상 비싸지만, 그 가격이 품질이나 영양가에서 반드시 비례하지는 않는다. 특히 유기농 표시가 있다고 해도 일부 수입 농산물이나 단기 인증 제품은 실질적인 품질 관리가 미흡한 경우도 있다. 또한 복잡한 인증시스템도 문제다. '무농약', '저농약', '친환경', '유기' 등 비슷한 인증 기준이 난립하면서, 소비자들은 정확한 차이를 알기 어렵다. 마트의 '유기농' 스티커만 보고 비싼 가격을 지불하면서도 무엇이 다른지 모르는 소비자가 많은 것이다.

현명한 소비를 위한 가이드가 필요하다. 유기농 식품을 선택할 때 소비자는 단지 이미지에 현혹되기보다, 다음과 같은 현명한 태도가 필요하다.

첫째, 꼼꼼한 확인이다.

인증기관과 인증번호, 생산지와 유통 과정까지 꼼꼼히 따져보는 태도가 중요하다.

둘째, 가치중심 소비가 이루어져야 한다.

비싼 유기농 제품에만 의존하기 보다 제철 농산물이나 지역 생산품에 관심을 가지는 것도 건강한 소비를 실현하는 좋은 방법이다.

유기농 농산물이 진정한 대안이 되기 위해서는 정부 당국과 인증기관의 역할이 매우 중요하다. 소비자의 눈높이에 맞는 간단명료한 인증 시스템을 구축하고, 위반 사례를 철저한 공개를 통해 시장의 신뢰를 확보해야 한다. 생산자 역시 단순히 인증을 넘어 투명한 재배과정을 공유하고 소비자와 소통하며 진정성을 보여줄 필요가 있다.

결론적으로, 유기농 제품은 '허상'과 '실제 가치' 사이에서 소비자의 신중한 판단을 요구한다. 유기농 제품이 모든 사람의 식탁에 오를 수 있는 진정한 대안이 되기 위해서는, 브랜드나 이미지에 휩쓸리지 않고 가치에 집중하는 소비자 의식이 간절한 것이다.

19

불안을 팔고 희망을 사는 곳,
보험의 허와 실

서울의 한 여자대학에서 강의하던 시절, 미국의 소비자학 박사 학위를 받은 동료 교수들에게는 몇 가지 공통점이 있었다.

시내 카페의 비싼 커피값에 민감한 반응을 보이는 것은 그렇다 치고 국내의 보험시장에 대해서도 상당히 비판적이고 회의적인 태도를 보인다는 점이다. 감정적 소비보다 합리적 소비를 중시하는 관점이 뚜렷했다. 보험에 대해 "그 돈으로 저축을 해놓고, 필요할 때 병원비로 쓰는 편이 낫다."며, 불확실한 보장보다 통제 가능한 준비가 더 합리적이라는 주장을 펼치곤 했다. 그들의 주장으로 보험이라는 상품의 '허와 실'에 대해 다시 한번 생각하게 만들었다.

보험의 허, 불안을 파는 마케팅

보험사 마케팅의 핵심은 '걱정'과 '불안'을 자극하는 감정적인 접근이다. '암 진단 시 최대 1억 원 보장' 이나 '당신도 예외가 아닙니다' 와 같은 문구들은 소비자의 불안감을 넘어 거의 협박처럼 들리기도 한다.

특히, 청소년과 노년 그리고 여성을 타깃으로 한 보험 광고는 더 원색적으로 감정적인 호소로 합리적 판단을 흐리게 만든다.

하지만 보험사의 화려한 광고 뒤에는 복잡한 약관이 숨어 있다. 면책 기간, 지급 예외 조항, 까다로운 청구 절차 등으로, 막상 필요한 상황에 보험금이 지급되지 않는 경우도 많다.

실제로 30대 A직장인은 10년간 매달 15만원 납입의 암보험에 가입했지만, 조기 진단된 갑상선암이 약관상 소액암으로 분류되어 겨우 수십만원만 지급받고 "차라리 보험 납입금을 저축했더라면 병원비에 더 도움이 됐을 것."이라며 후회한다. 우리 주변에서 심심치 않게 목격할 수 있는 장면이다. 그렇다고 보험이 완전히 무용하다고 말할 수는 없다.

보험은 갑작스러운 큰 질병이나 대형 사고, 소득 단절과 같은 예기치 못한 위기 상황에 대비하는 사회적 안전망 역할을 하는 측면은 분명히 존재하기 때문이다. 특히 생명보험이나 실손 의료비 보험은 예측 불가능한 커다란 위험 앞에서 실제적인 도움이 될 수 있다. 검토해야 할 문제는 소비자가 자신에게 불필요한 보험까지 가입하게 만드는 관행과 구조에 있다.

과도하게 특약이 붙거나, 충분한 상담 없이 텔레마케팅으로 판매되는 보험은 소비자의 실제 필요와 동떨어진 경우가 많은 것이다.

현명한 보험 선택을 위한 세 가지 질문

보험을 선택할 때는 감정에 휩쓸리지 않고 데이터와 논리로 판단해야 한다. '걱정이 된다'는 막연한 감정대신 다음의 세가지 질문을 스스로에게 물어야 한다.

첫째, 나에게 정말 필요한 보장인가?

화려한 광고에 현혹되지 말고, 자신의 상황에 꼭 필요한 보장인지 특약 구성을 꼼꼼히 확인해야 한다. 보장은 언제나 화려하지만 실제 필요한 보장이 없는 경우도 흔하기 때문이다.

둘째, 내가 감당할 수 있는 수준인가?

보험료 수준도 감당 가능한 범위인지 확인해야 한다. 과도한 보험료라면 장기 유지가 어려워져 실효가 발생하기 때문이다.

셋째, 다른 대안은 없는가?

보험 상품 외 추가적인 대안을 검토하기를 제안한다. 보험 외에 일정 금액을 목돈 마련용 저축으로 운용하는 등 다른 금융 상품과 비교하여 자신에게 맞는 최적의 전략을 찾아야 한다.

보험은 '혹시 모를 미래'를 대비하는 안전장치다. 그러나 그 미래가 너무도 막연한 탓에, 기업은 소비자의 불안과 무지를 자극하고, 소비자는 '준비했다'는 안도감만으로 거액의 비용을 지불하는 악순환이 반복된다.

현명한 소비자는 마케팅 문구에 흔들리지 않는다.

자신에게 꼭 필요한 보장인지, 내가 감당할 수 있는 수준인지, 다른 대안은 없는지를 묻는 것이, 보험이라는 복잡한 상품을 대하는 첫걸음일 것이다.

20

사은품, 당근인가 덫인가, 소비자의 지혜

소비자에게 '사은품'은 상당히 매력적인 유혹이다.

때로는 본 상품보다 더 눈길을 사로잡기도 한다.

하지만 사은품이 목적이 되고 마음을 빼앗겨 합리적인 판단을 잃게 되면, 본질을 놓치고 후회하는 경우가 많다. 사은품은 마케팅의 보조 수단일 뿐이며, 그 자체가 구매의 목적이 되어서는 안 된다.

따라서 소비자는 사은품의 적정성을 제대로 판단해야 한다.

흔히 주위에서 볼 수 있는 사은품 관련 사례를 통해 그 함정을 살펴 본다.

첫째, 고가 화장품과 럭셔리 샘플 세트

'지금 사면 10종 샘플세트 증정'이라는 광고에 끌려 15만 원 상당의 화장품을 충동적으로 구매했지만, 정작 본 상품은 피부에 맞지 않아 버리기까지 한다. 수만 원의 가치로 보았던 샘플 세트 사은품의 실제 가치는 수천 원에 불과한 경우도 많다.

둘째, 정수기 렌털 계약과 무료 공기청정기

30만 원 상당의 공기청정기를 무료로 준다는 말에 최소 5년 약정, 총 400만 원이 넘는 정수기 렌털 계약을 맺는 소비자들이 있다. 하지만 계약서에 명시된 위약금은 부담이고, 정작 중요한 제품 성능이나 유지비는 제대로 따져보지 않는 경우가 많다.

셋째, 대형 마트/백화점의 한정 이벤트

'30만 원 이상 구매시 식기세트 증정'과 같은 행사에 현혹되어 불필요한 물건을 추가로 구매하는 일이 많지만, 대부분 사은품의 유통기한이 임박했거나 조잡한 품질인 경우도 흔하다.

마지막으로 이동통신사 신규 가입과 공짜 블루투스 이어폰

이동통신의 신규가입이나 번호이동 시 제공되는 '블루투스 이어폰에 혹해 비싼 요금제를 선택하고 24개월 약정을 체결하는 경우가 많다. 그러나 통신요금제는 기본적으로 고가로 비교적 저렴한 이어폰에 눈이 멀어 수백만 원에 달하는 통신 요금 부담을 간과하는 것이다.

세상에 '공짜'는 없다. 사은품은 상품 결정의 기준이 아니라 소비자 선택의 작은 보너스일 뿐이다.

소비자는 사은품의 실제 가치와 효용성을 과대평가해서는 안 된다. 사은품은 사은품일 뿐이다. 또한, 약정기간이나 반품 시 회수 조건 등을 꼼꼼히 확인하여야 한다.

'가격 + 혜택'이 아닌 '필요 + 가치'의 관점에서 상품을 구매하는 것이 현명한 소비의 시작이다.

기업 역시 사은품을 이용하여 판매 상품의 결점을 은폐하려는 행태는 지양해야 한다. 사은품의 수량, 가치, 교환 조건 등을 투명하게 공개하고, 소비자의 오해를 유발하지 않도록 운영해야 한다. 특히 금융상품이나 통신, 렌털 같은 장기계약 서비스에서는 주의해야 한다. 이들 프로모션에서는 과도한 사은품 제공이 불공정 행위로 제재 받을 수 있음을 명심해야 한다.

현명한 소비는 필요한 것을 적절한 가격에 사는 것이며, 사은품은 그 결정에 더해지는 소소한 즐거움일 뿐, 유혹의 도구가 되어서는 안 된다.

Ⅲ

소비자 만족,
블랙컨슈머와 감정 노동자

21

기업이 키운 불공정

목소리 큰 소비자가 보상을 많이 받는다

TV 뉴스 화면이 백화점의 매장을 비춘다. 한 고객은 고래고래 소리를 지르고 여자 점원은 거의 무릎까지 꿇었고, 남자 매니저는 연신 고개를 숙인다. 최근 들어 익숙한 장면이 되었다.

과연 목소리가 큰 소비자가 보상을 많이 받을 수 있을까?

불편한 진실이지만 현실에서는'그렇다'고 인정할 수밖에 없는 사례들이 많이 존재한다.

정당한 소비자의 권리 보호를 넘어, 감정적 압박이나 과도한 요구가 오히려 더 큰 보상으로 이어지는 상황이 서비스 현장에서 일어나곤 하기 때문이다.

불평과 불만은 때로 문제를 해결하는 유용한 도구가 될 수 있다. 이것은 소비자뿐만이 아니라 기업에도 마찬가지이다. 그러나 문제는 정당한 요구인지보다 요구의 정당성보다 목소리가 큰 쪽이 더 큰 보상을 받는 경우가 있다는 것이다. 날카로운 연장이 잘못 사용하면 위험하듯이, 불평과 불만도 역시 잘못된 방식으로 표현되거나 남용되면 문제의 해결보다는 서로에게 깊은 상처만 남길 수 있다.

불평은 양날의 검과 같은 것이다.

유명 커피 전문점에서 커피가 식었다며 고함을 지르고 테이블을 두드린 고객은, 무료 쿠폰 10장을 받았지만 동일한 매장에서 "너무 미지근하다"고 조용히 말한 고객은 대체 커피 한 잔으로 만족해야 했다. 항공사에서도 유사한 상황은 빈번하다. 비행 지연에 대해 집요하게 항의하는 고객은 숙박권과 마일리지를 제공받지만, 같은 상황에서 불편을 참고 기다린 승객들은 아무런 보상도 받지 못한다. 항공사는 노이지 고객을 보상으로 진정시켜 다른 고객에게 피해가 가지 않도록 하는 것이 현명한 대처라고 생각하는 듯 하다.

대형 마트에서도 이런 풍경은 흔히 볼 수 있다.

계산의 실수를 발견하고 2천 원이 더 지불되었다며 큰소리로 항의하는 고객에게 주위를 의식한 점장은 1만 원권 상품권으로 상황을 마무리한다. 그러나 같은 날 같은 문제로 조용히 문의한 고객에게는 환불 처리로 끝났다.

프랜차이즈 치킨 매장에서 배달 지연으로 항의 전화를 받은 직원은 정중히 사과했지만, 고객은 폭언을 퍼부으며 악성 리뷰를 올린다고 협박한다. 결국 매장은 울며 겨자 먹기로 전액 환불과 추가 메뉴까지 제공해야 했고 점주는 '리뷰가 무서웠다' 라는 솔직한 심정을 남겼다.

이러한 불편한 상황들은 불공정한 결과로 이어질 수 밖에 없다. 사소한 실수를 문제를 삼지 않는 조용한 소비자에게 피해를 줄 뿐 아니라, 서비스업 종사자들의 감정노동을 악화시키는 원인이 되기 때문이다.

말할 것도 없이, 소비자의 권리는 누구에게나 공정하게 보장되어야 한다.

'목소리의 크기'가 아니라, '문제의 정당성'과 '실질적인 피해'가 보상의 기준이 되어야 한다.

기업은 감정적인 불만과 소란에 휘둘리지 않고, 체계적이고 일관된 피해구제 절차를 통해 모든 소비자에게 공정한 서비스를 제공해야 할 의무가 있다.

'목소리 큰 사람이 이긴다'는 인식을 개선하지 않는 한, 소비자 권리 보호는 왜곡된 방향으로 흘러갈 수밖에 없다.

22

블랙컨슈머가 드리운 그림자
고객 갑질에 무너지는 현장

소비자 문제에서 간과할 수 없는 것이 바로 블랙 컨슈머 Black Consumer의 존재다.* 악의적인 문제를 일으키는 소비자라는 의미인 블랙 컨슈머가 야기하는 피해는 단순히 불편을 넘어 감정노동자의 정신적, 신체적 건강을 해치고 기업과 사회 전체에 부정적인 영향을 미친다.

블랙 컨슈머의 문제는 소비자 이슈를 넘어 노동과 인권, 조직의 건강성은 물론 서비스 품질과 직결되는 중요한 현안이 되었다. 감정노동자를 보호하는 것이 곧 정상적인 소비자 권리를 지키는 방법인 된 셈이다.

실제의 사례를 통해 블랙 컨슈머의 문제를 살펴 본다.

카페에서

한 고객이 프랜차이즈 카페에서 고의로 음료를 바닥에 쏟고, '직원이 불친절했다'며 환불과 무료 쿠폰을 요구한다. CCTV 확인 결과, 직원의 대응에는 아무런 문제가 없었으며 고객의 행위는 고의적이고 악의적 클레임으로 판명되어 직원은 구제되었다. .

백화점에서

옷을 구입한 고객이 며칠 후 불량이라며 판매 직원에게 모독적인 폭언과 욕설을 퍼붓고 환불을 강요한다. 충격을 받은 판매 점원은 결국 퇴사하는 불상사까지 발생하였다.

이처럼 블랙 컨슈머의 악의적인 클레임, 폭언, 고의적 환불 요구 등으로 감정 노동자들은 정신적 피해뿐만 아니라 금전적 손해를 입는다. 일부 기업의 '고객은 왕이다' 라는 지나친 고객 존중 원칙은 블랙 컨슈머를 제지하지 못하여 노동자의 고통을 가중시키고 있다.

감정노동자가 악질적인 고객으로부터 부당한 대우를 참고 견뎌야 하는 구조는 결국 직원들의 소진burnout과 이직의 증가로 이어진다. 또한 블랙 컨슈머에 대응하는 매뉴얼이 없거나 있더라도 규정이 모호하면 고객 응대의 일관성이 무너져, 정직한 고객과의 관계마저 손상될 수 밖에 없다.

이러한 문제를 해결하기 위해 다음과 같은 변화를 제안한다.

첫째, 감정노동자 보호법에 규정되어 있는 폭언 및 모욕 금지 조항을 현실에 맞게 더 강화하여 블랙 컨슈머에게 민·형사상 책임을 물을 수 있도록 징벌적 손해배상 제도를 검토해야 한다.

둘째, 정당한 클레임과 악의적인 요구를 객관적으로 구별할 수 있는 매뉴얼을 준비해야 한다.

매뉴얼에는 고객 응대 원칙과 더불어 직원 보호 원칙이 함께 담아야 한다.

셋째, 직원들에 대한 적극적인 교육과 함께 법적 보호 방안도 강구해야 한다.

또한 CCTV나 녹취등 증거 기록 시스템을 의무화하여 서비스 현장에서 블랙 컨슈머 행동을 객관적으로 기록하고, 이를 직원 보호와 향후 분쟁 대응에 활용하는 것도 좋은 방법이다

그 외 피해를 입은 감정노동자를 위한 회복 프로그램의 도입도 적극 검토해야 한다. 심리 상담, 회복 휴가, 동료간 코칭 프로그램을 제공하고 '직원 보호의 날' 을 만들어 직원들의 떨어진 사기를 고양해야 한다.

가장 중요한 것은 기업의 인식의 변화이다. 고객 중심주의만 강조하고 '고객은 왕' 이라는 구호 대신 '고객과 직원은 파트너' 라는 상호 존중의 서비스 문화를 확산시켜야 할 것이다.

다행히 블랙 컨슈머와 단순한 불만 소비자를 구별하고 감정노동자를 고객의 부당한 요구로부터 법적으로나 제도적으로 보호를 해야 한다는 사회적인 인식이 확산되고 있는 중이다. 일부 지방 자치단체나 기업에서 블랙 컨슈머 대응 매뉴얼을 준비하고, 감정 노동자 보호법을 시행하는 것은 매우 긍정적인 변화로 반가운 소식이 아닐 수 없다.

---

* 우리말로 문제행동 소비자라 부른다.

23

감정노동자의 '한(恨)', 사과의 가치를 돈으로 살 수 없다

A씨는 초등학생 아들과 함께 대중목욕탕에 갔다가 끔찍한 경험을 했다. 실수로 물을 튀겼다는 이유로, 큰 몸집에 문신이 가득하고 누가 봐도 조폭같은 무서운 인상의 남자에게 모욕적인 욕설과 위협을 당했다. 상황은 곧바로 경찰서로 이어졌고, 합의를 원했던 자칭 피해 호소자는 형식적인 사과와 함께 500만원의 합의금을 내밀었다. 집행유예 중인 상대는 합의되지 않으면 형이 가중될 수밖에 없는 상황이었다. 그러나 A씨는 합의금은 물론 사과조차 거부했다. A씨는 아들 앞에서 당한 모멸감과 무너진 체면이 형식적인 금액으로 회복될 수 없다고 생각했기 때문이다.

경제학의 '동가同價의 법칙'은 서로 다른 가치를 지녔지만 동일한 가격으로 거래될 수 있다는 원리로 '당한 만큼은 받아야 한다' 는 뜻이지만 금전적 손실이나 육체적 손상이 아닌 정신적인 피해처럼 금전으로 환산하기 어려운 가치를 돈으로 보상받는 것이 과연 온당한 것일까?

A씨가 입은 상처는 단순히 돈으로 해결될 문제가 아니었다.

어린 아들 앞에서 겪은 수치심과 모멸감은 돈과 합의서 한 장으로 사라질 수 없었다. 정작 아이가 없는 경찰서에서 오가는 '사과와 돈의 거래'는, 그날 목욕탕에서 무너진 자존심을 결코 회복시켜 줄 수 없었다.

반성과 사과의 가치는 '타이밍'과 '대상'에 달려 있다. 사과는 '어떻게' 하는지 뿐만 아니라, '언제', '어디서', '누구 앞에서' 이루어졌느냐 가 중요하다. 누군가에게 공개적인 모욕을 당했다면, 그 사람이 보는 앞에서 명예가 회복되지 않는 한 진정한 위안은 얻을 수 없다.

단지 개인간의 문제에 국한되지 않는다. 기업과 소비자의 관계에서도 마찬가지다.

제품이나 서비스로 인해 피해를 입은 소비자들은 금전적 보상만으로 만족하지 못한다.

"사과는 진심인가? 아니면 책임회피인가?"

"정신적 금전적 피해를 면피용의 작은 금액으로 보상할 수 있는가?"

소비자의 분노는 눈에 보이는 손해를 넘어 기업의 무성의한 태도와 무책임한 사과에서 비롯된 2차적인 피해로 연결되는 경우가 많다.

'기업의 태도'가 중요한 것이다. 진정한 사과는 분노를 가라앉히는데 그치지 않을뿐더러 부조리한 현실을 바로잡고, 재발방지를 위한 제도적 개선을 이끌어 내며, 피해자가 자기 자신을 회복하는 과정이 되어야 한다.

그렇다면 정신적인 피해를 입은 소비자는 어떻게 대처해야 할까?

우선 억울함을 공식적으로 남기는 것이 중요하다. 경찰 조서 외에도 국민신문고, 청와대 청원, 언론 제보, 민원 제기 등을 통해 사건을 공론화하는 것이 첫걸음이다.

또한 법률 상담이 필요하다. 상대방의 부당한 위협, 부당한 합의 요구는 형법상 공갈죄, 협박죄로 연결될 수 있기에 피해자에게 일부 과실이 있더라도, 고의성이 없다면 상대의 과잉 대응이 문제가 될 수 있으므로 법률 전문가의 도움을 받는 것이 중요하다.

심리적 치유도 필요하다.

마음의 상처는 쉽게 사라지지 않는다. 지인과 이야기하거나, 전문가와 상담하거나 또는 감정상태를 메모하며 스스로를 돌보는 시간이 필요하다.

정부와 사회단체 역시 합의금 장사를 막을 수 있는 공정한 합의 가이드라인과 중립적 조정 시스템을 준비하여 선의의 피해자가 생기지 않도록 노력해야 한다. 형식적인 사과와 금전 보상은 피해 감정을 온전히 정산하지 못한다. 진정한 회복은 상호간의 존중과 공감, 그리고 제도적 개선을 통해 이루어 질 것이다.

"사과는 동가의 법칙이 적용된다." 존재해서는 안 되는 부조리한 현실을 역설적으로 표현한 말이다. 하지만 그 부조리를 견디고, 묵묵히 넘어서는 과정 속에서 피해자의 용기와 지혜는 사회를 바꾸는 힘이 된다. 우리는 이 사건을 기억해야 한다.

24

15초의 승부,
진실의 순간(Moment of Truth)에서의 고민

'표현'보다 '의도'를

스웨덴의 항공사 SAS의 전 대표 얀 칼슨 은 '진실의 순간'*이라는 독창적인 경영 원칙을 만들었다. 누구나 생각할 수는 있지만 쉽게 착상하기 어려운 개념이었다.

얀 칼슨은 기업의 성공이 고객이 회사를 처음 접촉하는 결정적인 짧은 순간 즉 15초에서 30초 사이에 달려 있다고 주장했다. 그 때가 바로 '진실의 순간'이라는 것이다.

항공사 승무원, 발권 창구 직원, 콜센터 상담사 등 이른바 고객 접점부서의 직원들의 짧은 순간이 회사의 첫 인상을 좌우하고 그 순간에 회사의 존속과 미래가 달려있다고 강조했다. 얀 칼슨은 관리의 통제보다, 현장에서 고객을 직접 대하는 직원들에게 책임과 권한을 주어, 그들이 회사를 대표한다는 자각을 심어주었다.

'진실의 순간'은 비단 항공업에만 해당되는 것은 아니다. 전자제품 서비스 센터, 매장 직원, 콜센터 상담원 등 고객과 직접 접촉하는 직원들이 기업의 이미지를 만드는 것이다. 고객의 불만은 단순히 매뉴얼대로 대응해서는 해결되지 않는다.

LG전자에 몸담았을 때, 나는 고객 접점의 부서원들에게 "고객의 표현 뒤에 숨겨진 의도를 파악하는 능력을 키워야 한다고."강조했다.

"왜 이렇게 느려요?", "도대체 누굴 위한 서비스입니까?" 라는 짜증 섞인 불평 속에 숨겨진 진정한 의도는 제품과 서비스에 대한 불만이라기 보다는 자신의 특별한 사정을 이해하고 불편함을 빨리 해결해 달라는 간절한 바람이 담겨 있다.

고객의 불평, 심지어 욕설에 대해 매뉴얼로 대응하면 잠시 방어에 성공할지 몰라도, 고객의 마음은 더 멀어지게 된다. 그러나 고객의 의도를 이해하면 문제는 쉽게 해결되는 것이다. 고객들의 거칠고 감정적인 표현의 뒤에는 빨리 불편함을 해결하고 싶은 바람이 담겨 있는 것이다.

'진실의 순간'의 승패는 바로 여기에서 갈린다. 말 그대로 '진실의 순간'인 것이다. 고객의 마음을 먼저 읽는 순간, 갈등은 해소되고 신뢰가 쌓인다.

얀 칼슨은 "서비스는 하나의 공연이며, 우리는 배우가 된다."고 말했다. 배우가 고객의 진정한 감정이라는 대본을 읽을 줄 안다면, 고객과 직접 마주하는 직원들은 단순한 불만을 처리하는 조직이 아닌, 고객의 마음을 사로잡는 브랜드의 핵심이 될 것이다.

고민은 늘 짧은 순간에 있지만 그 순간을 놓치지 않고 진심을 다하는 기업은, 오랜 시간 동안 고객의 선택을 받는다. 그것이 바로 '진심의 순간'이 가지는 보이지 않는 힘이다.

---

* '진실의 순간' MOT(Moment of Truth)

25

소비자 '만족'을 넘어 '감동'으로 충성도와 재구매(재이용)율

오늘날 B2C 기업에게 있어 한 번의 판매는 그 고객과의 긴 여정의 시작에 불과하다.

진정한 성장은 재 구매와 고객의 충성도에서 비롯되며 중요한 것은 바로 소비자의 만족에 있다. 제품이나 서비스에 대한 만족도가 미래 성패를 좌우하기 때문이다.

아무리 기업이 스스로 가치를 부여해도 그 가치는 결국 소비자가 인정해야 의미가 있는 것이다. 그리고 그 가치를 인정받으려는 노력이 마케팅이다. 단순히 상품의 본질적인 가치를 전달하는 것을 넘어, 소비자의 마음을 사로잡는 부가가치를 창조하는 것 또한 마케팅의 중요한 역할이다.

많은 기업들이 고객 만족도를 "매우 불만족 / 불만족 / 보통 / 만족 / 매우 만족" 의 5점 척도로 측정한다. 고객만족도 조사는 소비자의 응답을 정량적으로 분석할 수 있다는 장점이 있고, 단순한 내부 참고자료를 넘어, 직원들의 성과 평가와 연동되어 보상 또는 페널티로 연결되기도 한다.

기업은 '만족'이라는 응답에 안도하지만 '만족'과 '매우 만족' 사이에는 질적인 간극이 존재한다. 수많은 연구 결과는 '매우 만족'을 경험한 고객만이 진정한 충성 고객이 되어 재구매로 이어진다는 것을 보여준다.

국내 대표 자동차 브랜드 현대자동차는 고객 만족을 넘어서 '고객 감동' Customer Delight' 을 목표로 한다. 차량 성능에 대한 만족을 넘어 차량을 구입한 이후의 경험까지 세심하게 관리한다. 무상 점검 서비스, 개인 맞춤형 차량 설정, 그리고 차량 인도 시의 깜짝 선물 같은 예상치 못한 감동은 내수 시장뿐 아니라 글로벌 시장에서도 재구매율을 높이고 있다. 2023년, 고객 조사에 따르면 '매우 만족'을 표한 고객의 재구매 의향률은 85%를 넘어섰다.

글로벌 전자상거래 기업 아마존도 고객만족 경영의 대표적인 성공 사례이다. 아마존은 고객이 불편을 느끼기 전에 먼저 문제를 해결하는 선제적 대응으로 유명하다.

예를 들어, 배송이 지연될 경우 고객이 직접 문의하기도 전에 자동으로 사과 메시지와 함께 일부 환불을 제공한다.

이처럼 선제적이고 적극적인 고객 편의 전략 덕분에, 아마존은 미국에서 가장 신뢰받는 브랜드로 수 차례 선정되었으며 '매우 만족'한 고객의 90% 이상이 재구매의사를 밝혔다.

국내외 사례들이 보여주듯, 고객은 단순한 만족으로는 한 자리에 오래 머물지 않는다. 고객이 '정서적으로 감동'할 수 있는 수준에 이르러야 비로소 진정한 충성 고객이 된다. 따라서 B2C 기업은 단순히 '만족'이라는 좁은 목표에 갇히지 말고, 고객의 기대를 뛰어 넘는 경험을 설계하고 제공해야 한다.

고객과의 관계를 장기적인 파트너십으로 확장하면, '매우 만족한 고객'들이 자발적으로 만들어내는 성장을 경험하게 될 것이다. 기업의 성공은 결국, 고객의 마음을 얻는 여정에서 완성된다.

26

감동을 넘어 '열광'으로
감동 현장에서 희생되는 '감정노동자'

1990년대, 국내 가전업계는 시장을 양분하던 LG전자와 삼성전자가 주도권을 차지하기 피 튀기는 전쟁을 벌이던 격전지였다. 양사의 숨 막히는 경쟁 속, 삼성전자 신임 사장의 취임사 한마디는 단순한 마케팅 슬로건을 넘어선 꽤나 인상적인 선언이었다.

"고객을 만족시키는 걸로는 부족하다. 열광하게 하라."

당시 경쟁의 치열함을 알 수 있는 동시에, 기업의 나아갈 길을 새롭게 제시하는 강력한 메시지였다.

"매우 만족"과 "감동"의 경계

고객이 구매 현장에서 느끼는 만족이 곧바로 재구매나 충성으로 이어지는 것은 아니다. 때로는 만족을 뛰어 넘는 감동이 필요하다.

LG전자에 재직하던 시절, 나는 수시로 1,000여 명의 콜센터 상담사와 4,000명의 서비스 엔지니어들에게 '감동은 단순한 만족이 아니라, 가슴이 미어질 정도로 뿌듯한 정서적 연결' 이라고 교육하였다.

하지만 이러한 감동을 전하기 위해 직원들이 감당해야 하는 인내와 희생은 상상을 초월했다. 고객의 불만을 견디며 끝내 '감동'을 선사해야 하는 감정 노동은 직원들을 지치게 만들었다. 고객 감동의 사례는 종종 아름다운 미담으로 포장된다.

폭우가 쏟아지던 업무 외 시간 부품을 간신히 수급하며 고객의 세탁기를 고쳐 준 LG전자의 서비스 엔지니어에 고객은 감사 편지와 함께 눈물을 흘렸고, 사연은 내부 포상 사례로 회자되었고, 회사는 이 사례를 '고객 감동 우수사례'로 홍보했다.

그러나 미담 뒤에는 탈진 직전에 놓인 직원이 있었다. 무급으로 이뤄진 봉사였고, 고객은 감동했지만 정작 감정 노동을 감당한 직원은 지쳐 있었다.

이처럼 고객 감동의 현장에는 항상 그림자도 숨어 있는 것이다.

과열 경쟁이 부른 폐해는 너무도 크다. LG전자와 삼성전자의 끝없는 경쟁은 긍정적인 기술 발전을 이끌기도 했지만, 때로는 지나치게 소모적인 폐해를 낳았다.

무리한 AS 무상 확대, 직원에 할당된 응대 건수, 그리고 단기적인 만족도 점수에 따른 차등 인센티브 지급은 직원들을 감당할 수 없는 한계로 몰아 넣었다.

고객은 일시적인 이익을 얻었지만, 직원들은 끝없는 감정 노동과 내부 경쟁에 시달리며 이직률이 높아졌다.

만족도 점수가 인사 고과를 좌우하는 시스템 속에서, 고객에게 무조건 잘 보여야 하는 일부 상담사들은 심각한 스트레스로 신경정신과를 찾아야 하는 상황에까지 이르렀다.

고객을 '열광'하게 하려면, 내부도 감동해야 한다

'고객을 열광시켜라'는 말은 단순한 광고 카피가 아니다. 진심에서 우러나오는 감동은 직원이 존중 받고 지원받을 때 비로소 고객에게 전달된다.

고객 만족 → 고객 감동 → 고객 열광으로 이어지는 단계는 직원 만족 → 직원 몰입 → 고객 열광이라는 내적 구조 위에서만 가능하다.

앞으로의 기업 경쟁력은 '무리한 소모전'이 아닌, 직원의 감동을 통해 고객의 열광을 이끌어내는 지속 가능한 시스템에서 나올 것이다.

Ⅳ
글로벌 최고기업과 소비자

27

소비자가 힘(권리)이 세면 기업이 망한다?
까다로운 소비자, 기업을 혁신하는 힘

일부 비평가들은 한국의 소비자 운동이 너무 급진적이며, 소비자의 이익을 위한 기업들의 노력은 외면하고 자유 시장 체제를 지나치게 독단적으로 감시한다고 비판한다.

반면에 일부의 전문가들은 국내의 소비자 운동이 지나치게 온건하며, 대기업의 나쁜 관행에 제대로 도전하지 않는다고 불평이다. 이렇듯 상반된 비판과 시선 속에서도 국내의 소비자 운동은 괄목할만한 발전과 끈질긴 생명력을 보여 주었다.

오늘날에는 세계적인 거대 가전 메이커로 성장한 LG전자와 삼성전자도 한때는 소비자 단체의 까다로운 감시와 압박에 고전했다. 특히 가전제품들은 소비자 단체의 대표적인 표적이었다.

'불량 상품을 사지 말라'는 우렁찬 구호와 함께 세탁기가 조기와 함께 회사 정문 앞에 매달린 적도 있었다.

소비자 운동가들의 주요 타깃은 다름아닌 대기업이다. 급진적인 소비자 운동을 전개하는 사람들은 대기업의 판매와 경업 행위를 고의적이고 조직적인 범죄로 보는 선입견을 가질뿐더러 대기업에서 일어나는 실수와 오류는 우연이 아니고 내부에서 널리 받아 들여지는 무책임한 대기업 문화의 특징이자 뿌리 깊은 관행이라고 주장한다.

유난히 까다롭고 집중적인 소비자 공세에 시달렸던 LG전자와 삼성전자는 환불과 교환, 무상 수리는 물론 당시에는 익숙하지 않던 리콜도 적극적으로 시행해야 했다. 두 메이커는 소비자의 요구를 적극 수용할 수 밖에 없었지만 결과적으로 제품의 꾸준한 품질향상과 서비스 개선에 큰 도움이 된 것은 부정할 수 없는 사실이었다.

현재 두 회사는 소니 등으로 대표되는 일본과 다른 선진국의 유수의 전자 메이커들을 차례로 제치고 프리미엄 가전 시장을 석권하고 있다.

국내 기업들은 LG와 삼성전자의 사례를 교훈 삼고 벤치마킹해야 한다.

고객의 목소리를 외면하면 단기적으로 수익성을 높일 지 몰라도 기업의 체질은 약해지고 부패하며 장기적으로는 경쟁력을 잃어 간다는 사실을 명심해야 한다.

특히 한국 시장은, 특히 가전과 자동차 분야에서는 고객의 기대 수준이 세계에서 가장 까다로운 소비자 시장이 되었고 품질, 서비스, 디자인, 옵션여부, 가격 등 모든 면에서 고객의 기대 수준이 정점을 달리고 있기 때문에 외국 기업들이 국내 시장의 진입하여 성공을 거두기까지 적지 않은 시행착오를 겪을 수 밖에 없다. 타협이 없는 소비자들 때문이다.

물론 치열한 국내 시장에서 살아남은 외국기업도 있다. 과거 BMW는 한국시장에 수출하는 차량의 옵션을 줄이거나 고급 트림 선택권을 제한하여 국내 소비자들의 불만이 폭발하자 한국시장을 풀옵션 국가로 바꾸고, 프로모션 모델에도 고급 옵션을 기본으로 제공하는 등 적극적인 변화를 시도했다. 이러한 노력으로 BMW는 2020년대 들어 국내 수입차 판매 1위를 여러 해 동안 유지하며, 프리미엄 브랜드로 위상을 확고히 했다. 볼보 또한 마찬가지였다.

볼보는 한때 한국 시장에서 존재감이 미미했고, 부족한 서비스망과 느린 A/S로 고객들의 원성이 자자하자 5년/10만km 무상 보증 정책을 확대하고 전국적인 서비스 네트워크의 확장과 더불어 한국 시장 전용의 안전 및 편의 옵션을 적극적으로 채택하며 고객 맞춤형 서비스를 강화했다. 이러한 한국 맞춤형 A/S 정책으로 볼보는 2020년대 들어 한국 수입차 시장 Top 5 브랜드로 당당히 부상하는데 성공했다.

28

소비자의 목소리, 기업의 나침반

갈수록 시장이 포화되고, 기술이 평준화된 오늘 날, 국가 경제의 활로는 소비자주의로 향하는 기업경영과 더불어 현명한 소비자 의식에 달려 있다고 믿는다.

그렇다면 기업이 경쟁 우위를 확보할 수 있는 유일한 길은 무엇일까?

그것은 바로 '소비자 NEEDS', 즉 고객의 필요와 기대를 정확히 이해하고 반응하는 데 있다.

예전에는 좋은 품질이나 낮은 가격만으로도 소비자를 만족시킬 수 있었지만, 이제는 단순한 제품을 생활의 여러 문제들을 해결해주는 맞춤형 경험과 가치를 요구한다. 이런 변화 속에서, 과거의 성공에 머물거나 내부 중심의 사고방식에 사로잡힌 기업은 도태될 수밖에 없다.

기업 경쟁의 핵심은 마케팅이다. 마케팅은 제품을 파는 싸움이 아니고 '소비자의 인식을 다투는 과정이다.

소비자는 제품 자체보다 그 제품이 자신에게 어떤 '의미'와 '효용'을 주는지를 기준으로 선택한다.

예를 들어 자동차를 사는 고객은 단순히 탈것을 고려하는 것이 아니라 '가족의 안전', '브랜드 신뢰감', '에너지 효율' 같은 개인적 가치를 기준으로 결정한다. 소비자의 머릿속에서 벌어지는 경쟁에서 이겨야만 실질적인 시장 점유율로 이어진다. 이러한 맥락에서 고객의 소리 Voice of Customer는 가장 현실적인 경쟁 정보가 될 수 있다.

많은 기업들이 VOC*를 단순한 불만 접수 창구나 사후 조치 수단으로 여기지만 VOC는 곧 시장의 언어이자, 혁신의 원천이다. 칭찬, 건의, 제안, 불편 등 고객의 모든 피드백은 소비자가 바라는 제품과 서비스의 방향을 보여주는 생생한 나침반인 것이다.

진정으로 소비자 중심의 기업은 고객의 소리를 단순 처리하는데 그치지 않고, 이를 통해 소비자의 NEEDS를 구조화하고 제품 개발, 서비스 기획, 마케팅 전략에 적극적으로 반영한다.

결국 고객이 가는 길이 기업이 가야 하는 방향이다. 더 이상 기업은 기술이나 생산 능력만으로 경쟁할 수 없다.

고객의 NEEDS를 얼마나 빠르고 정교하게 포착하고, 반응하느냐에 따라 성패가 결정되는 것이다. '소비자 NEEDS 중심'이라는 원칙은 마케팅 부서만의 일이 아니다.

기획, 개발, 생산, 서비스, 심지어 CEO의 의사결정까지 전 부문이 고객의 시선에서 재정의되어야 할 것이다.

결국, 소비자의 기대를 만족시키는 것을 넘어, 그 기대를 초월하는 것이 진정한 경쟁력의 시작인 것이다.

---

* VOC (Voice of Customer)

소비자 NEEDS 기반 경영 사례

다이슨 (Dyson)	소비자의 "청소기 흡입력이 시간이 지나면서 약해진다"는 불만에서 출발해, 먼지봉투 없는 강력한 흡입력 유지 기술을 개발하며 글로벌 성공을 거뒀다.
넷플릭스 (Netflix)	이용자의 시청 패턴과 선호 데이터를 분석해, 개별 사용자에 맞춘 콘텐츠 추천 시스템을 도입함으로써 '개인화된 엔터테인먼트'라는 새 가치를 창출했다.
국내 A 통신사	'요금제 복잡해서 모르겠다'는 VOC에 주목해, 요금제 단순화와 추천 AI 시스템을 도입해 고객 만족도를 크게 높였다.

29

왜 식빵만 판매하는 동네 빵 가게는 없는가?
수요와 공급의 간극

우리 가족은 빵을, 특히 곡물 식빵을 유난히 즐겨 먹는다. 하지만 우리 동네에는 마음에 드는 식빵을 찾을 수 없다. 결국 매주, 10km를 달려 대형 마트에서 대용량의 식빵을 사는 번거로움을 감수하고 있다. 식빵의 맛을 포기할 수 없기 때문이다.

돌연 궁금해졌다. “왜 우리 동네에는 식빵만 전문으로 파는 빵집이 없을까?”

대단한 수요는 아니지만, 우리 가족처럼 식사용으로 좋은 식빵을 정기적으로 구매하려는 사람이 분명 있을 것이다.

우리 아파트 단지는 7,000 세대가 넘는다. 그 중 15%만 매주 식빵을 구입해도 상당한 매출이 가능할 수 있다. 그럼에도 불구하고 왜 식빵 전문점이 없고, 유명 베이커리 프랜차이즈인 파리 바게뜨나 뚜레쥬르에만 의존하는 걸까?

문제는 수익성에 있었다. 식빵은 수요는 있지만, ‘수익 구조’가 탐탁지 않기 때문이다.

식빵은 제조단가는 낮지만 이익도 적은 편이다.

더구나 소비자는 단순한 '흰 식빵'이 아닌, 건강하고 다양한 재료가 들어간 고급 식빵을 원한다. 소비자들은 좋은 재료와 만드는 시간이 많이 들어가는 고급식빵이라도 가격이 3,000~5,000원을 넘기면 비싸다고 주저한다.

이처럼 높아진 기대에 비해 가격 저항이 크기 때문에, 동네 빵집 입장에서는 식빵만으로 수익을 내기 어려운 것이다.

대부분의 동네 빵집은 생존형 비즈니스다. 살아 남기 위해 다양한 제품을 판매해야 한다. 골목상권에서는 다품종이 안정적인 영업기반이기 때문이다

크림 빵, 소시지 빵, 케이크, 쿠키, 커피, 음료까지 함께 팔아서 고객 한 명당 구매단가를 높이는 것이 현실적인 전략이다.

식빵 전문점은 고객을 자주 오게 만들고, 정기적인 판매가 이루어져야 유지된다. 이는 유통, 보관, 로열티 부담 없는 빵과 지역민의 높은 충성도가 뒷받침될 때 비로소 가능하다.

결국 동네에 식빵 전문점이 없는 이유는 단순히 수요가 없어서가 아니라, 공급자가 전략적으로 리스크를 회피하기 때문이다.

그러나 분명히 수요는 존재한다. 문제는 잠재된 수요를 어떻게 포착하여, 지속 가능한 비즈니스 모델로 만들 것인가에 달려 있다. 식빵 하나에도 고객의 취향, 건강, 편리함에 대한 다양한 니즈가 담겨 있다.

이를 가장 먼저 발견하고 반응하는 빵집이 '작지만 강한' 골목 가게로 살아남을 것이다.

그렇다면 대안은 없을까?

변함없는 품질로 신뢰를 쌓는 것은 말할 것도 없고 '식빵은 여기'라는 지역 내 1등 브랜드로 자리 잡아야 함은 물론이다. 빵집 안에 규모는 작아도 경쟁력 있는 '식빵 전문 코너' 의 신설을 제안 한다. 곡물 식빵, 단백질 식빵, 유아 식빵 등 테마 별로 구성하여 전문성을 강조하는 것이다. 예약 판매와 정기적인 배송 제도도 검토할 수 있다. 정기적으로 찾는 고객을 대상으로 주 1~2회 정기 구매를 유도하여 고객은 기다리지 않아도 되고, 점포는 재고부담 없이 효율적으로 영업할 수 있다. 식빵이라는 하나의 작은 품목에서 고객의 필요를 정확히 읽어내고, 그에 맞는 판매 전략을 수립하는 것도 흥미로운 일이다.

---

* 단지 맛 집에 목마른 생활인이라면 모든 음식점에' 30-30 규칙'을 적용해볼 것을 권한다. '어떤 교통수단으로든 30분 이상 걸리고 30분 이상 대기해야 한다'면 그것은 음식의 맛보다 인증, 즉 '내가 이렇게 요즘 유명한 음식을 먹었다' 를 위해 찾는 것이니 찾지 말라는 말이다. 그래야 먹는 이도 편하고, 한정된 재료로 한정된 양을 낼 수밖에 없는 음식점도 힘 빼지 않고 길게 갈 수 있다. TV 예능 프로그램 '백종원의 골목식당'에 등장한 '포방터 돈카츠' 를 둘러싸고 벌어지는 것 같은 난리는 소비자와 실무자, 그리고 주변 지역 주민까지 모두에게 손해이며 요식업의 자영업의 지속가능성을 위협한다.

30

고객의 소리 VOC 의 관리 수준이 일류기업을 결정한다

고객 중심 경영을 표방하는 기업은 많지만, 그 철학을 실제 행동으로 옮기는 기업은 많지 않다. 일류 기업의 가치는 고객을 어떻게 관리하는지에 드러난다. 특히, 소비자와 기업의 이해관계가 부딪히는 최전선은 기업이 설치한 '소비자 불만 처리제도'이다.

과거에는 소비자의 불만을 제기하는 사람들을 반기업적인 인물로 간주하며 무시하는 경향이었지만 오늘날의 기업들은 소비자들의 불만을 단순한 문제 제기가 아닌 기업의 성장을 위한 귀중한 피드백이자 새로운 아이디어를 얻을 수 있는 원천으로 여기고 있다. 심지어 일부 기업들은 고객의 불만을 적극적으로 찾아 나설 정도이다.

나 역시 LG전자에서 6년간 '고객의 소리' VOC 부서의 책임자로 있으며 귀중한 경험을 했다. 한 해에도 수 만 건의 고객의 목소리가 쏟아져 들어왔다. 단순한 칭찬과 격려, 적극적인 건의 그리고 진심 어린 감사부터 불평, 불만, 본격적인 고발 그리고 거의 저주에 가까운 내용까지 그 범위는 천차만별이었다. 나는 모든 고객의 소리를 빠짐없이 해당부서에 일일이 피드백하고 불만과 고발의 소리가 들려 올 경우에는 관련부서와 함께 재발방지를 위해 힘썼다. VOC를 다루는 기업의 수준도 여러 단계로 나눌 수 있다.

VOC를 관리하지 않는 기업보다는 담당부서에 책임을 묻고 직원을 처벌하는 기업이 그나마 좋지만, 가장 바람직한 기업은 VOC를 단순히 책임 추궁의 도구로 삼지 않고 제품 개발이나 서비스의 개선에 적극적으로 반영하여 품질을 향상시키는 수단으로 활용하는 회사이다. 고객의 작은 목소리 하나라도 귀 기울여 듣고, 이를 성장의 자양분으로 삼는 기업이야말로 진정한 고객 중심 경영을 실현하는 기업이라 할 수 있다.

고객의 목소리 VOC는 단순한 불만이나 항의가 아니다. 고객의 진솔한 감정이 담긴 메시지이자, 미래 시장을 향한 나침반이며, 혁신을 위한 기폭제이다.

칭찬 속에서 강점을 찾고, 제안에서 새로운 기회를 읽어내며 불만에서 개선의 단초를 찾는 기업만이 진정한 일류의 길로 갈 수 있다.

따라서 VOC는 단순히 고객센터에서 처리할 일이 아니다. VOC를 어떻게 다루느냐에 따라 기업의 미래가 판가름 난다. VOC는 고객의 불만이나 항의뿐만 아니라 칭찬, 제안, 건의 그리고 기대를 모두 아우르는 고객의 생생한 경험과 감정의 기록이다. 이를 제대로 관리하고 분석하면 기업의 미래를 밝혀줄 소중한 인사이트의 원천이 된다.

많은 기업이 VOC를 '불만 처리 시스템' 정도로 좁게 인식하고 있다. 그러나 VOC는 문제해결의 도구를 넘어 혁신을 위한 기회이다. 따라서 경영자는 VOC를 담당직원을 문책하기 위한 '처벌 도구'가 아닌 기업의 성장을 위한 '경영 자산'으로 간주해야 한다. VOC가 단순히 보고되어 기록으로만 남고, 불만이 제기된 직원을 징계하거나 문책의 근거로만 사용된다면 그 조직은 결코 성장할 수 없다.

경영자는 VOC를 인사이트 발굴의 출발점으로 삼아야 한다. 보고서 뒤에 숨겨진 고객의 감정, 반복되는 요청의 패턴, 제안에 담긴 기대를 깊게 해석해야 진정한 의미가 드러난다. VOC를 대하는 태도가 곧 경영의 철학을 보여주는 척도이다.

그러므로 불만 VOC는 표면을 넘어 심층을 살펴야 한다. '배송이 늦었다', '직원이 불친절했다'와 같은 겉보기에 단순한 '사건'의 이면에는 더 깊은 불만의 원인이 숨어 있다. 예를 들어, 고객은 배송의 지연 자체보다는 사전 안내의 부족이나 기대와 실제의 차이에 더 크게 실망할 수 있다. 일류 기업은 VOC를 통해 표면적인 문제 너머의 근본적인 원인을 찾아내고, 그곳에서 고객경험(CX)의 혁신을 시작한다.

고객이 직접 들려주는 이야기는 어떤 광고보다 설득력 있고 현실적이다. 만족한 고객은 자연스럽게 브랜드의 옹호자가 되고, 개선을 위한 VOC는 제품과 서비스의 발전을 이끄는 무료 컨설턴트의 역할을 해준다.

성공을 간절히 원하는 기업이라면 VOC를 단순히 수집하는 데 그치지 않고, 분석하고, 실행하며, 고객에게 "당신의 목소리가 반영되었다."는 경험을 선사해야 한다. 이러한 노력이 지속적인 신뢰를 쌓아 올리는 유일한 길이다.

사례 1 스타벅스 – '음료 온도' 불만에서 개인 맞춤 서비스로

문제 VOC	고객들이 "음료가 너무 뜨겁다" 또는 "너무 미지근하다"는 불만을 지속적으로 제기.
개선 조치	• 스타벅스는 고객이 음료의 온도, 샷 수, 시럽 종류, 우유 종류 등을 자유롭게 선택할 수 있는 커스터마이징 옵션을 확대함. • 불만 VOC를 통해 고객의 다양한 기호를 이해하고, 이를 개인의 취향에 맞춘 서비스 전략으로 전환.

사례 2 삼성전자 – 갤럭시 노트 시리즈의 'S펜' 업그레이드

문제 VOC	초창기 갤럭시 노트 사용자들이 S펜에 대해 "정밀도가 낮다", "펜을 자주 잃어버린다"는 불만 제기.
개선 조치	• 다음 세대 제품에서 S펜을 블루투스로 연결해 프레젠터 기능, 원격 셔터 기능 등 다양한 기능을 탑재. • 또한, 펜을 본체에 수납하는 방식으로 변경하여 보관 편의성 문제 해결.
성과	• S펜은 단순 도구를 넘어 '노트 시리즈'의 핵심 차별화 포인트로 발전. • 고객 충성도 증가, 브랜드 정체성 강화

사례 3 델타항공(Delta Airlines) – 수하물 지연 불만에서 실시간 트래킹 도입

문제 VOC	"수하물이 어디 있는지 알 수 없어 불안하다"는 고객 불만이 다수 발생.
개선 조치	• 델타는 수하물에 RFID 태그를 부착하고, 전용 앱에서 실시간 수하물 위치를 확인할 수 있는 '수하물 트래킹 시스템'을 도입.
성과	• 수하물 분실 및 지연에 대한 고객 불만 크게 감소. • VOC 기반 기술 도입으로 고객의 신뢰와 편의성 증가

사례 4 이케아(IKEA) – 조립 불만에서 '간편 가구' 시리즈 개발

문제 VOC	"가구 조립이 너무 복잡하고 어렵다", "설명서가 이해하기 어렵다"는 고객 불만이 지속 제기됨.
개선 조치	• 'LISABO 시리즈'와 같은 공구 없이 간편 조립이 가능한 제품군 개발. • 설명서도 일러스트 중심으로 직관성 강화, 유튜브 영상과 QR코드 제공.
성과	• 초보자나 1인 가구, 여성 고객층의 호응 증가. • 조립 편의성이 브랜드 차별 요소로 부각 됨.

31

공든 탑이 무너졌다
소비자 신뢰를 잃어 버린 기업의 최후

말할 것도 없이 기업에 있어 평판과 신뢰는 그 어떤 자산보다 중요한 것이다.

그것은 한 번도 그 기업의 제품을 구매한 경험도 없는 사람들의 생각과 평가, 그리고 행동에까지 영향을 미칠뿐더러 기업에 대한 기대를 완전히 바꿔 놓기에 충분한 힘을 지니고 있기 때문이다. 큰 산에 걸려 넘어지기 보다, 개미 언덕에 걸려 쓰러지는 것처럼 문제는 언제나 작은 거짓말과 은폐에서 시작되는 법이다. 그렇기에 사소한 약속에도 최선의 노력이 필요하다.

기업이 시장에서 오래 살아남기 위해 지켜야 할 한 가지 원칙이 있다면 그것은 '기술력'도 '자본력'도 아닌 바로 '소비자의 신뢰'다.

아무리 품질이 뛰어나고 광고가 화려해도, 단 한 번의 거짓말이나 은폐로 한 순간에 무너지는 것이 브랜드의 명성이다. 독일의 세계적인 자동차 브랜드인 폭스바겐이 사례가 이를 뼈저리게 증명하였다. 독일이라면 자동차, 자동차라면 폭스바겐이 연상될 정도로 국내에서 폭스바겐은 '수입차의 국민차'로 불릴 만큼 신뢰와 품질을 상징하는 브랜드였다.

그러나 2015년, 디젤 차량의 배출가스를 조작한 이른바 '디젤 게이트' 사건이 터지면서 모든 것은 달라졌다.* 그 사건은 환경보호의 차원에 기만일 뿐 아니라 소비자에 대한 중대한 배신이었다. (34장 참조) 이 사건이 백일하에 드러나자 소비자들의 분노는 걷잡을 수 없이 폭발했다. 미국과 유럽에서는 집단소송이 줄줄이 제기되었고, 수조 원대의 벌금과 리콜 비용을 감당해야 했지만 무엇보다 가장 큰 손실은 폭스바겐이 그토록 자부해 마지않던 자사 브랜드에 대한 신뢰의 붕괴였다. 한 세기가 넘게 힘들게 구축해온 '신뢰의 아이콘'이 불신의 상징으로 전락하는 데는 불과 몇 달밖에 걸리지 않았다. 빠르게 퍼지는 나쁜 소문만큼 강력한 선전 도구는 없다는 사실을 폭스바겐은 뼈저리게 깨달았을 것이다.

디젤 게이트 이후 폭스바겐은 전기차 중심의 체질 개선, 경영진 교체, 윤리경영 강화 등 전면적인 쇄신에 나섰지만, 소비자들의 시선은 여전히 차갑기만 하다. 소비자 신뢰는 단기간에 회복되지 않는다. 수십 년 걸려 쌓아 올린 신뢰도 무너지는 것은 단 하루면 충분하다는 말이 이보다 더 정확하게 들어 맞는 사례는 없을 것이다.

오늘날 기업은 단순히 좋은 제품을 만드는 것만으로는 살아 남을 수 없다. 정직하고 투명한 태도로 소비자와의 관계를 유지해야 한다. 소비자의 신뢰를 잃는 순간, 그 어떤 브랜드도 시장에서 영원할 수 없다는 교훈인 폭스바겐의 사례는 모든 기업에게 던지는 강력한 경고장이다.

---

* 차량에 조작 소프트웨어를 설치해 배출가스 테스트 시에만 오염 물질을 적게 배출하는 것처럼 속였다. 실제 주행 시에 기준치를 훨씬 초과하는 질소산화물을 마구 뿜어냈다.

32

프리미엄 브랜드의 두 얼굴
도요타의 그림자를 벗고 렉서스 Lexus로

1989년 9월, 도요타가 럭셔리 자동차 브랜드를 만들겠다고 발표했을 때, 기존의 고급차 브랜드와 언론은 비웃었다. "마치 맥도날드가 고급 스테이크를 파는 것과 같다."는 조롱까지 서슴지 않았다. 그러나 도요타는 1,200명의 기술 인력을 투입하고 4년에 걸친 개발 끝에 LS400을 세상에 내놓았다. 이 차는 속도, 소음, 연비, 승차감 등 모든 면에서 당대 최고의 명차였던 벤츠 S클래스를 압도했다.

낯선 이름과 로고였지만, 렉서스는 출시와 동시에 고급스러운 인테리어, 조용한 엔진, 정밀한 품질로 출시되자마자 순식간에 벤츠, BMW와 어깨를 나란히 하는 명차 반열에 올랐다. 1990년대 중반 이후 렉서스는 미국 고급차 판매 순위 3위 아래로 떨어진 적이 없었고, 차량 만족도 조사에서는 10년 연속 1위를 차지하며 그 저력을 증명했다. 하지만 미국 소비자들은 렉서스라는 브랜드가 사실 도요타의 자동차라는 사실을 한참 후 알게 되었다.

왜 도요타는 자사의 이름을 숨기고 새로운 브랜드를 만들어야 했을까?

당시 미국 수입차 시장에서 도요타는 '저가이지만 믿을 수 있는 일제 대중차'라는 이미지가 강했다. 결과적으로 이러한 가성비 이미지는 도요타가 프리미엄 시장으로 확장하는데 큰 걸림돌이었다. 아무리 우수한 고급차를 생산해도, 결국 '도요타'라는 이름표가 붙는 순간 소비자들이 외면할 것이 명백했다. 이것이 도요타가 기존 브랜드와 결별하고, 이름부터 서비스까지 완전히 새롭게 만든 프리미엄 브랜드 '렉서스'를 탄생시킨 이유였다. 소비자 입장에서 브랜드의 눈속임처럼 보일 수도 있지만, 이미 고착된 브랜드 이미지를 극복하고 의도적인 고급화 전략을 성공시키기 위한 고육지책이었던 셈이다. 렉서스라는 새로운 이름은 도요타의 오랜 역사가 가진 제약을 뛰어넘는 현명한 선택이었다.

국내 기업들 사이에서도 시장의 인식을 바꾸려는 브랜드 재탄생 전략은 쉽게 찾아 볼 수 있다. 기존의 이미지를 벗어나기 위해 위장하거나 아예 새로운 브랜드를 분리해 출시하는 방식이었다.

삼성전자가 대표적인 케이스다. 삼성이라는 역사가 깊은 대중적인 브랜드가 있음에도 삼성전자는 프리미엄 냉장고 '지펠 Zipel', 세탁기 '하우젠 Hauzen' 같은 별도의 브랜드를 출시해 고급 이미지를 만들었다. 삼성전자가 굳이 신규 브랜드를 만든 이유는 '고급 제품 군만의 세계관'을 따로 만들고 강력한 삼성이라는 브랜드를 보조 브랜드와 함께 운영함으로써 기존의 일반 소비자층과 고급 소비자층을 동시에 아우르려는 전략, 바로 '더 프리미엄' 전략의 일환이었다

패션과 식품 부문에서도 이러한 움직임은 성공적으로 활용되었다.

이랜드는 가성비 중심의 패션 브랜드 이미지가 강했다. 그러나 10~20대를 겨냥한 미국식 스트리트 캐주얼 브랜드 '후아유' Who.A.U, 글로벌 SPA형 여성 브랜드 '미쏘' MIXXO 를 출시할 때는 자사 브랜드를 철저히

숨겼다. 이는 "이랜드 = 아울렛 = 싸구려"라는 기존 이미지가 신세대와 중상층 소비자에게 어필하지 못할 것이라는 판단 때문이었다. 실제로 많은 소비자들은 해당 브랜드가 이랜드 제품이라는 사실을 오랫동안 알지 못했다.

빙그레 역시 '바나나 맛 우유'나 '요플레' 같은 '친근한 국민 간식 브랜드' 이미지가 지배적이었지만 최근 들어 프리미엄 디저트나 테라 요구르트와 같은 성인 타깃 제품을 내놓을 때는 자사 브랜드를 의도적으로 노출하지 않는다. 이는 기존의 '어린이 간식' 이미지를 벗고, 건강하고 고급스러운 브랜드로 정착하려는 의도적인 포지셔닝이다.

브랜드는 소비자 기억의 집합체다. 소비자가 기존 브랜드에 대한 인식이 강할수록, 새로운 시장 진입에 걸림돌이 되기도 한다.

따라서 기업은 때로 의도적으로 이름을 바꾸고, 과거와 단절하며, 완전히 새로운 브랜드처럼 시장에 등장한다. 소비자 입장에서는 눈속임이라 여길 수 있지만, 시장의 저항을 최소화하고, 새로운 고객층에게 다가가기 위한 치열한 생존 전략에 다름아닌 것이다.

하지만 한 가지 중요한 사실은 변하지 않는다. 브랜딩은 명품인척하는 것이 아니라 소비자가 그 브랜드를 선택해야 하는 이유를 제시하는 미래를 향한 약속이다. 소비자가 브랜드의 정체를 파악하는데 그리 긴 시간이 필요하지 않다. 결국 중요한 것은 기업이 브랜드를 숨겼느냐가 아니라, 소비자가 그 정체를 알고도 기꺼이 존중할 만한 가치를 만들었느냐 일 것이다.

33

글로벌 Top기업의 고객응대 태도와 시스템

소통으로 위기를 기회로

고객의 불만은 제품의 결함이나 또는 불친절한 서비스에서 비롯되는 것은 아니고 미묘한 감정적인 요소가 복합적으로 작용하는 경우도 많다. 고객이 강한 불만을 표할 때 기업은 어떤 태도로 응해야 할까?

고객이 '당신 말고 높은 사람 나와라' 라며 격앙된 목소리로 항의하는 것은 자신의 불만에 관심을 기울여줄 누군가를 원한다는 신호일 수도 있다. 이러한 상황에서 위기의 순간을 모면하기 위해 회피하거나 상급자를 연결하는 것만으로는 결코 문제가 해결되지 않는다. 흥미롭게도 '다시는 사지 않겠다' 던 고객이 응대 과정에서 만족을 느껴 오히려 충성도가 더 높아진 사례도 드물지 않다. 같은 클레임이고 같은 불만 상황인데 극과 극의 결과로 이어지는 것은 바로 고객의 분노를 대하는 태도에 달려 있는 것이다. 고객의 마음을 움직이는 것은 진실을 담은 소통의 기술이다. 고객의 분노와 불만을 단지 해결해야 할 현안으로 여기지 않고 진심으로 인정하고 공감하는 것만으로도 고객의 분노는 가라앉게 되는 것이다.

나의 경험을 바탕으로 한 사례를 통해 이 점을 더 자세히 설명한다.

2016년 가을, 한 남자가 세탁기 누전으로 발생한 화재로 격분하여 본사 1층 로비에서부터 고래고래 소리를 지르며 흥분한다. 1차로 대응하던 실무 과장은 '큰일 났다' 며 청와대에 민원, 언론 제보, 그룹 회장과의 만남까지 요구하는 고객에 당황하고 있었다.

나는 고객 협력실장으로 고객과 직접 마주 앉았다. 나의 역할이 중요한 시점이었다. "고객님께서 겪으신 당황스럽고 고통스러운 일을 생각하면, 어떤 말씀을 드려도 분이 풀리지 않으리라 생각합니다." "고객님이 억울하지 않도록 적절한 보상을 약속 드립니다. 다만, 부족하다고 느끼시거나 이의가 있으시면 언제든지 논의에 응할 준비가 되어 있습니다." 라고 덧붙였다. 나는 명함을 건네며 지난 6년간 이 직책을 맡아 왔고, 국내 주요 기업들의 CS 최고책임자들이 모인 협회의 회장직도 겸하고 있음도 밝혔다. 이는 전문성과 권한을 드러내 고객에게 신뢰를 주기 위함이었다.

이어서 다음과 같이 설득했다.

"고객님께서 빠른 해결과 적절한 보상을 염려하시어 청와대나 공정거래위원회, 소비자원, 혹은 그룹의 최고 총수에게 클레임을 제기하셔도 결국 저희 소비자 협력실로 귀속되어 최종적으로 처리됩니다. 저희 회사가 Global Top 수준을 지향하기에, 보상 범위를 담당직원의 직급이 아닌 피해의 사실과 규모에 근거하여 객관적으로 분석되며, 손해사정인, 변호사, 보험 전문가가 함께하여, 고객님의 피해가 정확히 반영되도록 노력하고 있습니다. 신속하고 공정한 처리를 위해 설계된 과정입니다."

마지막으로 나는 고객에게 확신을 주었다.

"결국 고객님께서 신입사원에게 말하시든, 그룹 회장님께 말씀하시든 이 사안은 제게 다시 도달하니 저를 찾아오신 것은 매우 잘하신 선택입니다.” 이러한 일련의 설득을 통해 고객은 자신의 불만이 제대로 처리될 것이라는 안도감으로 흥분을 가라앉혔다.

고도의 설득과 조정 기술이란 구체적인 상황에 따라, 그리고 상대에 따라 달리 대책을 세우고 사안의 핵심을 제대로 꿰뚫는 데서 나온다.

분명한 내용을 전달하되 적당히 상대의 기분을 상하지 않고 논리적인 의견을 제시하면 보다 더 효과적으로 상대를 설득할 수 있다. 딱딱한 말은 부드럽게, 부정적인 말보다 긍정적인 말을 많이 해야 한다. 결국 고객 응대의 품격이 기업의 수준을 결정한다. 중요한 것은 ‘누가 더 높은 사람인가’가 아니다. 고객을 마주한 최초의 담당자가 얼마나 책임감 있게 응대했는가, 그리고 그 과정에서 고객이 신뢰를 얻었는가 이다. 고객을 불쾌하게 하는 상담은, 고객의 상처에 소금을 뿌리는 결과만 낳는다. 반면 다시 신뢰가 생기는 응대는 브랜드에 대한 호감을 배가시킨다. 글로벌 최고 수준의 기업은 고객 불만을 골칫거리가 아니라, 오히려 브랜드 가치를 증명할 기회로 삼는다. 클레임 처리의 깊이와 품격은, 결국 그 기업의 철학과 경영 수준을 가늠하는 잣대가 된다.

결론적으로, 고객의 불만에 응대할 때는 매뉴얼을 앞세우기보다, 상대의 감정을 이해하고 진심으로 소통하려는 태도가 가장 중요하다.

태도와 말투의 작고 미묘한 차이로 상대의 요구를 기꺼이 들어주기도 하고 때로는 별 이유도 없이 반발하는 것이 사람이다. 인간은 감정으로 움직이고 감정은 말로 움직인다. 따라서 사람의 감정을 움직이는 심리를 잘 이해하고 말 한마디와 작은 태도의 변화로도 성공적인 고객 관계를 만들 수 있다는 사실을 명심해야 한다.

34

신뢰의 속도, 배신이 부른 추락
속도는 늦어지고 비용은 치솟는다

스티븐 코비는 저서 '신뢰의 속도'*에서 신뢰의 상실이 가져오는 파괴적인 결과를 경고했다. "신뢰가 낮은 사회에서는 거래 속도가 느려지고, 비용은 기하급수적으로 늘어난다."

신뢰가 두터운 관계라면 한 페이지의 계약서로도 수십억 원의 거래가 가능하지만, 신뢰가 의심스러우면 규제, 감시, 감사가 뒤따르고 결국엔 변호사가 필요한 법이다. 결국 속도는 늦어지고, 비용은 치솟는다.

기업과 소비자의 관계 또한 예외는 아니다.
소비자는 단순히 상품을 사는 것이 아니라, 상품을 만든 기업의 신뢰도 함께 구매하지만 그 신뢰가 무너지면 기업은 치명적인 대가를 치르게 된다.

한때 승승장구하던 기업이 어떻게 한 순간에 신뢰를 잃고 추락하는지, 폭스바겐과 남양유업의 사례는 뼈아픈 교훈을 남긴다.

2014년 슈퍼볼 광고는 인상적이었다. 폭스바겐의 신형 '클린 디젤' 차량이 10만 마일을 달릴 때마다 엔지니어들이 천사로 변하는 모습을 보여주며 지구의 환경을 지키는 선한 천사라는 이미지는 소비자들의 마음을 사로잡았고, 폭스바겐의 디젤 차량은 날개 돋친 듯 팔려 그 해 매출을 두 배로 끌어올렸다. 그러나 화려한 성공 뒤에 숨겨진 진실은 오래가지 못했다. 2015년은 폭스바겐에게 악몽 같은 한 해였다.

미국 환경청이 폭스바겐이 배출가스 테스트를 조작하는 소프트웨어를 사용하여 실제보다 훨씬 높은 친환경적인 수치로 속였다는 사실을 폭로한 것이다. 폭스바겐의 자랑이었던 "클린 디젤"이란 표어는 조롱거리가 되었고, 이른바 '디젤 게이트' 사건 이후 폭스바겐은 전 세계적으로 1,100만 대의 차량을 리콜했고, 벌금과 소송 비용으로만 약 400억 달러를 지출해야 했다.

국내의 남양 유업의 사례 또한 폭스바겐 못지 않게 극적이었다.

남양유업은 '우유의 대명사'라 불릴 만큼의 견고한 신뢰를 쌓아 온 국내 유제품 업계의 대표 주자였다. 그러나 비극은 작은 사건에서 비롯되었다. 2013년 대리점 물량 밀어내기 의혹으로 조사를 받던 한 영업사원이 대리점주에게 막말을 퍼붓던 통화 녹취가 공개된 것이다. '밀어내기', '욕설', '강압적 영업'이라는 불쾌한 단어들이 여과 없이 매스컴에 등장하자 소비자들은 뒤질세라 불매운동으로 응답하였다.

사람들의 분노로 시작된 불매운동은 요원의 불길처럼 빠르게 전국으로 퍼져 나갔고 편의점, 대형 마트 등 유통업체까지 동참하며 상황은 걷잡을 수 없이 악화되었다.

남양유업은 수년간 매출 하락을 겪었고, 브랜드 이미지와 주가는 급락하여 결국 경영권 매각이라는 벼랑 끝에 몰렸다.

거대 유업 메이커 남양 유업이 수십 년 간 임직원들의 각고의 노력으로 쌓아 올린 신뢰의 탑은, 말단 직원의 부적절한 두 세 마디로 산산이 무너지기에 충분했던 것이다.

기업이 고객의 신뢰를 얻는 데는 오랜 시간과 진심이 필요하다. 신뢰는 이자처럼 작지만 지속적인 이익을 가져다 준다. 그러나 한 순간에 잃게 되면, 불신의 대가로 상상 이상의 큰 벌금을 치르게 된다. 신뢰의 이자와 불신의 벌금은 한 순간인 것이다. 고객의 외면은 곧 속도의 정지이고, 불매운동과 SNS의 확산은 비용의 폭발이다.

소비자는 기억한다. 특히 오늘날의 소비자는 과거보다 더 영리하고, 더 오래 기억한다.

기업들은 "한 번이라도 소비자를 배신한 기업에게는 회생의 기회는 없다." "오늘의 작은 부정이 내일의 거대한 쓰나미가 된다."는 진실을 명심해야 한다.

신뢰는 브랜드의 가장 강력한 자산이며, 신뢰를 사수하는 것이 기업 생존의 유일한 전략이다. 신뢰를 잃은 기업에 남는 것은, 속절없는 추락뿐이다.

---

* 스티븐 코비 신뢰의 속도 The Speed of Trust

35

좋은 기업에서 위대한 기업으로

위대한 기업이 되는 길-소비자정책의 비밀

기업에 대한 사람들의 생각은 천차만별이지만 좋은 기업에 대한 기대와 이미지는 시대가 바뀌어도 크게 다르지 않다.

첨단 기술이 세계를 복잡하게 얽어 매고 정보가 빛의 속도로 오가는 이 시대에도 변함 없는 것이다.

그렇다면 좋은 기업들 가운데 한 단계 더 나아가 '위대한 기업' 으로 도약한 기업들의 소비자 정책에는 어떠한 특별함이 숨어 있을까?

세계적인 경영 컨설턴트 짐 콜린스는 그의 저서 '좋은 기업에서 위대한 기업' Good to Great에서 그 해답을 제시했다. 짐 콜린스는 위대한 기업의 성장이 어느 한 순간의 기적 같은 성공이 아닌 '일상적이고 반복적인 행동' 에서 만들어진다고 강조했다. 바로 소비자 불만을 회피하지 않고 정면으로 마주하는 것 (플라이 휠 효과Flywheel Effect) 에서부터 시작된다고 했다.*

위대한 기업들의 소비자 정책에서 찾아 볼 수 있는 흥미로운 사례들을 소개한다. 미국의 온라인 신발 쇼핑몰 자포스 Zappos는 신발을 파는 곳이 아니라, 고객의 감정을 관리하고 감동을 팔았다. '남편이 죽었다' 며 신발의 반품을 요청한 고객에게 꽃과 위로 카드를 보낸 에피소드는 회사의 핵심 성과지표KPI에 없는 행동이지만 고객에게는 평생 잊히지 않는 브랜드 기억이 되었다. 좋은 기업은 고객의 요구에 응답하지만, 위대한 기업은 고객의 마음에 반응한다.

현대자동차가 미래의 불안까지 설계한 예도 기억에 남는다.

2008년 금융위기 당시, 현대 자동차 미국법인은 "차를 구입한 후 실직하면 어쩌지?"라는 미국 소비자들의 불안감을 정확히 읽고, '1년 안에 실직하면 차량 반납 가능' 이라는 파격적인 현대 보장 Hyundai Assurance 프로그램을 발표했다.* 단기적인 수익을 넘어, 소비자의 미래 불안까지 설계한 것이다. 이 프로그램으로 현대 자동차에 대한 미국인들의 신뢰도와 판매량이 폭발적으로 증가한 것은 말할 필요도 없을 것이다. 이처럼 위대한 소비자 정책은 단기적인 매출이 아닌, 장기적인 신뢰 구축이 중요한 것이다.

대부분의 기업은 제품에 하자가 있거나 서비스에 실수가 발생하면, 반품이나 환불로 수습하지만 위대한 기업들은 클레임 처리에서 멈추지 않고 그 실수를 감동의 기회로 전환한다.

때로는 반품조차 요구하지 않고 전액 환불해주는 이유는 고객의 신뢰가 미래의 수익이라는 것을 잘 알기 때문이다. 실수 이후가 진짜인 것이다.

스타벅스의 리커버리 전략은 잘 알려진 사례이다. 스타벅스는 고객이 커피가 식었다고 항의하면 새 음료와 무료 쿠폰, 그리고 손 글씨로 쓴 사과

카드까지 건넨다. 이 모든 과정은 고객을 매출수치가 아닌 사람으로 보는 시선에서 비롯된 것이다.

아마존 역시 고객을 '비용이 아닌 자산'으르 보고 고객 집착Customer Obsession을 경영 철학의 최상단에 두고 있다.

결국, 'Good to Great'에서 강조하듯, 위대함은 단번에 도달하는 고지가 아니다. 소비자와의 관계도 마찬가지다. 한 번의 감동이 아니라, 진심이 담긴 지속적인 노력과 반복적인 정성이 기업을 위대하게 만드는 것이다.

소비자 정책의 진정한 목표는 단순히 고객만족을 넘어, "이 브랜드라면 믿을 수 있다."라는 굳건한 신뢰를 심어주는 것이다. 신뢰가 없으면 단기적인 이익 밖에 없고 신뢰야 말로 장기적인 성공을 위한 가장 중요한 요소이기 때문이다.

---

* 그 외에 위대한 기업들이 공통적으로 지닌 몇 가지 원칙으로 겸손하되, 강력한 의지를 가진 리더십, 핵심 역량, 열정, 경제 논리가 겹치는 지점에 집중하는 고슴도치 전략 Hedgehog Concept 과 마지막으로 자율성과 책임이 공존하는 조직 문화를 들었다.

* 현대 보장 Hyundai Assurance 프로그램

36

리콜, 기업의 진실이 드러나는 순간 위기가 아닌 기회

리콜은 기업이 자사 제품의 중대한 결함이나 판매상의 실수로 소비자의 안전이 우려될 때 해당 제품을 회수하고 무상으로 수리 교환 및 환불 등의 조치를 취하는 것을 의미한다. 소비자 보호와 안전 확보가 핵심인 것이다. 그러나 많은 기업이 리콜을 자발적으로 하기보다는 부끄러운 낙인처럼 여겨 여론의 비난을 피하기 위해 마지못해 하곤 했다.

최근의 추세는 소비자 보호를 위한 정부규제 및 사회적 감시가 점차 강화되고 철저해지면서 리콜에 대한 기업의 인식도 변하고 있다. 하지만 진정한 리콜은 단순한 문제 해결이 아니다.

좋은 기업은 리콜을 회피해야 할 낙인이 아니라 고객 신뢰를 회복하고 높일 수 있는 절호의 기회로 삼는다.

리콜의 횟수만으로 기업의 가치를 평가할 수 없다. 법률의 규정에 따라 어쩔 수 없이 강제적으로 하는 경우도 있기 때문이다. 중요한 것은 '리콜이 자발적이었는가', 그리고 위기 속에서 '어떻게 대응했는가'에 달려 있다. 고객의 안전을 최우선으로 생각하는 신뢰받는 기업일수록, 정부의 강제적인 명령보다 자발적인 리콜 건수가 많았다.

자발적인 리콜을 통해 무너진 신뢰를 다시 세우고 오히려 브랜드 가치를 높인 사례를 살펴 보면

현대자동차의 코나EV 배터리 리콜이 있었다. 2021년, 현대자동차는 전기차 코나EV의 배터리 화재 가능성이 제기되자, 정부발표에 앞서 8만 대에 이르는 대규모 리콜을 단행했다. 전체 배터리 모듈을 교체하는 막대한 비용을 감수하면서도 소비자의 안전을 최우선에 둔 과감한 결정은 고객 불만을 잠재우고, 전기차에 대한 신뢰드를 한층 높였다.

도요타 에어백 리콜도 유명하다.

도요타는 하청업체 타카타의 에어백 폭발 위험이 드러나자, 정확한 원인이 명확히 밝혀지기 전에 수백만 대의 차량을 자발적으로 리콜했다. 심지어 의무대상이 아닌 차량까지 예방 차원에서 포함시켜 소비자들에게 깊은 인상을 남겼고 CEO가 직접 고개 숙여 사과하자 오히려 브랜드 신뢰는 더 굳건해졌다.

LG전자 리콜사례는 고객 신뢰 회복의 좋은 사례다. 2,010년 드럼세탁기 아동 질삭사고 위험에 대한 105만대 리콜, 2019년 의류건조기 화재위험을 막기 위한 빠른 조치 등은 신속하게 문제를 인지하고, 문제점 공개 및 소비자와의 소통,무상서비스와 적절한 보상,사후 예방 캠페인 등을 실시하여 뼈아픈 문제 해결 과정을 통한 글로벌 경쟁력 강화의 큰 계기가 되었다.

이처럼 일류기업들은 문제가 발생했을 때 빠르게 인정하고, 선 조치하며, 소비자의 불안을 해소하는 진정성 있는 태도를 갖추고 있다. 리콜은 기업의 실패가 아니라, 책임감과 신뢰 회복력을 보여줄 수 있는 결정적 기회이다.

그렇다면 리콜을 안정적으로 성공적으로 운영하기 위해서는 어떠한 노력이 필요할까?

첫째, 조직 문화를 개선해야 한다.

리콜을 회피할 문제가 아니고 거리낌 없이 받아들여, 고객을 위한 책임 있는 조치로 인식하는 조직문화를 만들어야 한다. 담당자에게 선제적인 리콜을 결정할 수 있는 권한을 부여하고 인센티브를 제공하는 노력도 필요하다.

둘째, 투명한 소통과 편리한 시스템을 구축해야 한다.

리콜의 예약 접수부터, 수리까지 원스톱으로 처리하는 디지털 시스템을 구축하고 모바일 앱이나 온라인 고객센터를 통해 신속하고 투명한 커뮤니케이션을 유지해야 한다. 그리고 리콜 사실을 조속히 공지하는 것은 물론, 리콜의 대상과 조건 그리고 보상 방법을 명확히 공지하여 혼란을 최소화해야 한다.

현대 사회에서 기업의 가치를 결정하는 것은 완벽한 제품만이 아니다. 위기가 닥쳤을 때 얼마나 신속하고 정직하게 대응하는가가 기업의 진정한 경쟁력이 될 것이다.

리콜을 피하려 하지 않고 정직하게 마주하며, 신속히 조치하고, 성실히 설명하는 기업에게 소비자는 결코 등을 돌리지 않을 것이다.

리콜의 종류

1. 자발적 리콜

- 기업이 자체 점검 또는 소비자 신고 등을 통해 문제를 인지하고, 자율적으로 회수 및 보상을 결정
- 소비자 신뢰를 회복하는 데 긍정적인 효과가 큼

2. 강제 리콜

- 정부(국토교통부, 식약처 등)가 조사 후 결함이 중대하다고 판단해 법적으로 회수를 명령
- 명령 불이행 시 과징금 및 형사처벌 가능

3. 권고 리콜

- 정부가 문제의 소지가 있다고 판단하지만, 법적 강제성 없이 기업에 시정조치를 요청하는 형태

V

소비트렌드,
뉴노멀과 소비자 문제

37

유행은 누가 만드는가?
소비의 순환과 가치의 진화

최근 들어 소비의 형태가 놀랍도록 변모하고 있다. 소비의 목적이 달라졌고, 소비의 방법이 바뀌었으며 무엇보다 소비 자체의 가치에도 변화의 바람이 불고 있다.

현대의 소비자는 단순히 상품을 구매하는 것을 넘어 그 안에 내재된 문화를 소비하며 자신의 존재와 가치를 느끼려 한다.

이제 소비는 간단한 행위가 아니라 하나의 체험으로 진화되었다.

오래된 사진첩을 열어 보면 신혼여행 사진 속 당시 유행하던 큼직한 선글라스가 눈에 띈다. 촌스럽다는 이유로 버려졌지만, 몇 년이 지나 큰 렌즈의 복고풍 디자인의 유행으로 돌아 오는 선글라스처럼 패션은 끊임없이 돌고 돈다.

바지의 핏도 마찬가지다. 나팔 바지에서 스키니진, 다시 와이드 팬츠로 이어지는 흐름이 그 유행을 증명한다.

그렇다면 이런 유행은 누가 만드는 것일까?

소비자들의 취향이 자연스럽게 바뀌어서 일까?

기업이 유행을 기획하고, 이를 통해 반복 구매를 유도하는 마케팅 전략의 결과일까? 정답은 이 둘의 상호작용에 있다. 소비 트렌드는 한편으로는 소비자의 감성과 시대적 환경, 사회적 분위기에 따라 자연스럽게 움직이기도 하지만, 기업들이 의도적으로 방향을 설정하고, 광고, SNS, 인플루언서 등을 통해 확산시켜 유행으로 만드는 구조도 엄연히 존재한다.

예를 들어, 글로벌 패션 브랜드들은 계절마다 단지 옷을 파는 것뿐만 아니라 새로운 라이프 스타일을 제안하며 트렌드를 주도한다.

소비자는 자신의 취향을 선택한다고 믿지만, 실은 기업이 제시한 방향에 영향을 받는 경우가 많다.

이처럼 트렌드는 단기적인 감성 소비와 장기적 브랜드 전략이 맞물려 형성된다.

기업이 끊임없이 새로운 것을 제시하면, 소비자는 거기에 반응하며, 거대한 수요의 순환을 만드는 것이다.

그렇다면 기업은 이 흐름 속에서 어떻게 나아가야 할까?

단순히 지금 잘 팔리는 것에만 집중하기보다는, 트렌드의 주기와 그 이면에 숨겨진 맥락을 읽을 수 있는 통찰력이 필요하다. 고객이 무엇을 원할지를 예측하고, 이를 브랜드만의 철학으로 풀어낼 때 진정한 경쟁력을 갖출 수 있게 된다.

오늘날처럼 지속 가능한 소비와 환경에 대한 관심이 커지는 시대에는 단순히 유행을 좇기보다 트렌드를 뛰어 넘는 가치를 제시하는 것도 중요한 전략이다.

유행은 멈추지 않고 순환하는 필연적인 소비의 흐름이다.

그 흐름 속에서 기업은 새로운 방향을 제시하고, 소비자는 그 중 하나를 선택하며 서로 영향을 주고받는다.

이러한 흥미로운 관계를 깊이 이해하는 기업만이 트렌드에 휘둘리지 않고, 오히려 트렌드를 창조하는 주체로 설 수 있을 것이다.

38

소문난 맛집, 2호점의 비밀
복제가 아닌 '맞춤형 전략'

한적한 작은 골목길의 '소문난 맛집'은 늘 사람들로 북적였다. 언제나 줄을 서서 기다려야 겨우 입장할 수 곳이었다. 맛집 덕분에 주변 상점들의 매출도 오르고, 조용하던 골목은 활기찬 상권으로 거듭났다.

성공을 발판 삼아 사장은 2호점을 열었다. 본점은 아내에게 맡기고, 자신은 본점의 주방장과 함께 인근 지역에서 새롭게 식당문을 열었다. 맛도, 재료도, 가격도 변함없었고, 친절한 서비스와 위생 상태도 본점과 다를 바 없었지만 신설 2호점은 두 달이 지나도록 파리만 날리고 있었다. 반면 주방장이 바뀌었음에도 본점은 여전히 성업중이었다.

무엇이 문제였을까?
대부분의 사람들은 식당의 성공여부는 맛에 달려 있다고 믿는다. 실제로 그럴까?

음식점의 성공에는 맛, 서비스의 질 그리고 위치라는 3가지 핵심요소가 복합적으로 작용한다. 이 중 어느 하나라도 부족하면 운영에 타격을 받을 수 밖에 없다.

2호점이 실패한 원인은 주방의 맛이나 친절한 서비스의 문제가 아니었다. 오히려 고객 흐름의 부재, 지역 특성의 차이, 그리고 브랜드 인지도의 단절 같은 외부의 변수가 문제였다.

진정한 문제는 입지 조건에 있었다. 2호점의 위치는 유동 인구가 적어 외식보다 배달을 선호하는 지역이었고 눈에 잘 띄지 않는 불리한 위치와 불편한 주차 문제까지 안고 있었다.

본점의 인기와 명성이 자연스럽게 2호점으로 이어질 것이라는 생각은 완전한 착각에 불과하다. 새로운 곳에서는 새로운 신뢰를 다시 쌓아나가야 한다.

많은 음식점들이 현재의 브랜드와 평판만을 믿고 주저 없이 지점을 늘리지만, 소비자는 각각의 매장을 별개로 인식하는 법으로 기존의 평판만으로는 사업 확장에 한계가 있다는 것을 명심해야 한다.

심지어 '체인점이라면 기대보다 별로일 것'이라는 것이 일반적인 인식일 것이다. 따라서, 단순한 업장의 복제가 아니라 새로운 지역의 고객에게 맞춰 접근하는 맞춤형 전략이 필요하다. 이를 위해 현지 상권의 특성을 반영할 수 있는 메뉴의 개발과 가격의 전략적 조정 등이 우선되어야 한다. 또한 SNS 마케팅과 지역 광고 그리고 배달 플랫폼을 적극 활용하고 시식 이벤트와 같은 프로모션 등으로 로컬 커뮤니티와 깊이 교류하며 신뢰를 쌓아야 한다.

이상에서 살펴보았듯이 성공적인 음식점을 만들기 위해서는 '복합적인 사고'가 필수 다. 상대적으로 뛰어난 맛과 친절한 서비스는 기본조건이지만 그것만으로는 충분하지 않다.

작은 식당 하나를 개설하더라도 입지 선정, 고객의 흐름, 경쟁 환경, 지역민의 소비 성향 그리고 지역민의 신뢰를 쌓아 가는 노력까지 모두 고려한 종합적 경영 전략이 필요한 시대이다.

'잘 되는 음식점'은 단순히 맛있는 음식을 파는 곳이 아니라, 고객을 유치하고, 만족시키고, 재방문으로 이어지는 시스템을 갖춘 곳이다.

과연 '영원한 맛집'이 가능할까? 그 물음에 끊임없이 답하려는 노력이 그 생명과 명성을 더 길게 이어줄 것이다.

음식점 성공의 3요소

39

소득 3만불 시대의 소비의 진화
소득 수준, 삶의 풍경을 바꾸다

국민소득(GNI)은 한 나라의 국민의 소득 수준과 생활의 질을 가늠하는 중요한 지표이다. 당연하게도 수치가 오를수록 국민의 삶은 단순한 풍요를 넘어 소비자의 가치관과 소비의 패턴을 근본적으로 변화시킨다. 단순히 더 많이 소비하는 것이 아니라, '어디에' '왜' 돈을 쓰는지가 그 이유가 달라지는 것이다. 소득의 증대는 곧 소비의 진화를 의미하며 이는 한 국가의 경제와 사회 그리고 문화적 흐름을 이해하는 중요한 키가 된다.

우리 나라는 불과 20년도 채 지나지 않은 세월 동안 국민소득 1만 달러, 2만 달러, 그리고 3만 달러 시대를 차례로 돌파하면서 세계의 그 어느 나라보다 빠르고 극적인 소비 패턴의 변화를 경험했다.

1만 달러 시대 –편리함을 향한 열망 편리함의 추구

2000년대 초, 1인당 국민소득이 처음으로 1만 달러의 고지를 넘었을 당시, 소비의 초점은 생존을 넘어서 '기본적인 삶의 질'로 옮겨갔다. 이 시기에 가전 삼총사라고 불리던 냉장고, 세탁기, 에어컨의 구입이 폭발적으로 늘어나며 가정의 필수 인프라가 완성되었다. 자동차 보급률도 빠르게 늘어나며, 현대·기아 차는 국민차로 자리잡았다. 하지만 외식은 여전히 특별한 날의 이벤트였고, 건강보다는 배부름이 더 중요했다. 당시의 소비자들은 "더 편하게 살고 싶다"는 소박한 욕구를 소비로 실현한 셈이었다.

2만 달러 시대 –가치와 웰빙을 찾아서

2만 달러를 넘어선 2010년 대 이후 국민들의 관심은 '삶의 질'에서 삶의 '가치'와 '지속 가능성'으로 옮겨갔다. '웰빙 well-being'이라는 단어가 유행어가 되었고 유기농 식품, 친환경 제품에 대한 수요가 급증했다. 먹는 것이 곧 건강 투자라는 인식이 보편화되며 헬스장, 요가, 필라테스의 회원들이 늘고 건강식품 시장도 폭발적으로 성장하는 등 건강에 대한 관심이 일상화되었다.

이 시기는 경험이 소비의 중요한 요소로 떠 오른 때이기도 하다. 처음으로 해외여행객 1,000만 명을 돌파하며 체험형 소비가 본격화되었고 외식 시장에서는 커다란 프랜차이즈 영업점보다 작지만 개성이 넘치는 맛집이 주목 받기 시작했다. 소비자들은 '남들과 다른 나만의 가치 있는 경험'을 소비에서 찾기 시작한 것이다.

3만 달러 시대 –감성과 의미를 위한 소비

2018년 이후, 대망의 국민소득 3만 달러 시대에 진입하자 소비의 양상은 다시 한 번 진화했다. 소비자들은 단순히 실용을 넘어 '나를 만족시키는 감성 소비', '의미 중심 소비'에 집중하고 있다. MZ세대를 중심으로 가방, 시계, 뷰티 제품의 명품 소비도 전에 없이 폭증했지만 단순한 과시가 아닌 '자존감 소비'로 재해석되었다.

자신의 취향을 드러내는 소비도 본격화되며 와인, 홈 카페, 수제 맥주, 인테리어 등 '나의 라이프스타일'을 표현하는 소비가 확대되었다. 브랜드의 윤리성과 환경 친화 여부도 소비 결정의 중요한 기준이 되었다.

소유보다 접근이 중요해지면서 OTT, 음악, 의류, 도서 등 정기 구독 서비스가 일상에 깊숙이 침투하였다. 국민소득 3만 달러 시대의 소비자는 "이 소비가 나를 더 가치 있게 만드는가?"를 기준으로 지갑을 열게 된 것이다.

국민소득이 증가할수록 단순한 구매력의 증대가 아닌 소비의 혁신으로 이어지며 개인 삶의 정체성과 철학까지 바꾸어 놓았다. 소비자의 욕구는 생존에서 편리함으로, 건강과 가치에서 자기표현과 지속가능성으로 진화하였다. 대한민국의 지난 20여 년은 소득 상승이 생존에서 편리함으로, 가치에서 자기표현으로 진화하는 과정의 가장 대표적이고 극적인 증거로 남을 것이다.

40

소비의 진화 – 가성비, 가심비, 가잼비
복잡해진 소비의 방정식

오늘날, 우리나라의 소비의 핵심 키워드는 무어라 해도 단연 가성비와 가심비이다. 소비자들이 물건을 살 때 가장 많이 따지는 단어들이다.

가성비란 무엇인가?* 가성비는 문자 그대로 '가격 대비 성능', 또는 '가격 대비 품질'을 뜻한다. 이 가격에 이 정도면 괜찮다는 판단의 기준이다. 가성비는 주로 한정된 예산 안에서 최고의 효율을 추구하는 합리적 소비를 의미한다.

IMF 외환위기 이후, 실속을 중시하는 문화가 자리 잡으며 저렴하면서도 쓸만한 제품을 찾는 소비 트렌드가 확산되었다. 예를 들면 끝도 없지만, 대형 마트의 3,900원의 즉석 피자, 10만원 이하의 보급형 스마트폰, 다이소의 1,000원짜리 생활용품이 그 대표적인 예이다.

반면 가심비란 무엇인가? '가심비'는 '가성비와 다른 차원의 소비를 말한다. 가격 대비 마음의 만족, 즉 비싸더라도 마음이 만족하면 기꺼이 지갑을 여는 소비형태이다. 여기에는 제품 자체의 성능을 넘어, 희소성, 감성적 요소가 중요하다. 소유했을 때 느끼는 좋은 기분, 또는 라이프 스타일에 대한 만족감, 혹은 자존감 향상이 중요한 판단 기준이 된다.

한 잔에 7,000원인 스타벅스 리저브 커피나 명품 향수, 혹은 스테디셀러 작가의 신간처럼 소비를 통해 얻는 정서적 가치를 중시하는 것이다.

과거에 없었던 가성비와 가심비의 개념은 대체 언제부터 우리 사회에 스며들었을까?

2000년대 초반만 해도 '실속파'라는 단어가 유행할 정도로 '싸고 튼튼한 것'이 최고였던 소비문화는 2010년대 이후 급변했다.

SNS의 확산과 1인 가구의 증가, '나를 위한 소비' 트렌드가 맞물리면서 '가심비'라는 신조어가 혜성같이 등장했다. 이제 소비는 단순히 구매 행위를 넘어, 브랜드의 감성, 삶의 철학, 그리고 정체성을 표현하는 수단이 되었다. '무작정 사치'가 아닌 '합리적인 사치'로 진화한 것이다.

30대 남성 직장인 A씨는 중저가 전자기기를 선호하여 스마트폰도 50만 원 이하, TV도 42인치라면 20만 원이면 충분하다고 믿는다. A씨에게 전자제품은 필수기능만 있어도 충분하고 굳이 최고급 사양은 필요 없었다. 전형적인 가성비 소비자라 할 만하다. 반면 40대 초반의 여성 B씨는 일상의 정신적, 육체적 피로를 풀기 위해 '나를 위한 소비'를 주장하며 한 잔에 1만 원이 넘는 수제 차를 즐긴다. "비싸지만, 이 순간 내 삶이 특별하다고 느껴지기 때문."이라고 말한다. B씨는 분명 가심비 소비자일 것이다.

흥미롭게도 최근에는 '가성비'와 '가심비'외에 '가잼비라는 신조어도 등장했다.

가격 대비 재미라는 뜻으로 '소비는 재미있어야 한다' 는 트렌드를 반영하고 있다.

예를 들어, 랜덤 박스를 통해 느끼는 설렘, 한정판 제품을 얻기 위해 줄 서기나 번호표 추첨 같은 흥미로운 도전 등을 소비 과정의 일부로 즐기는 MZ세대를 중심으로 확산되고 있다.

더 이상 가격과 성능만 따지는 '가성비'의 시대는 지나갔다. 최근의 소비는 가격 + 성능 + 만족감 + 감성 + 재미라는 나름 각자의 개성이 반영된 복잡한 방정식으로 이루어진다. 이 모든 것이 '합리적 소비'의 범주에 들어가게 된 것이다.

소비가 곧 자기표현이 되고, 삶의 철학이 되는 시절이 도래했다. 단순히 '싸다'가 아니라, "이것으로 기분 좋아질 수 있을까?" 라고 자문하며 물건을 고르는 시대에 살고 있는 것이다.

---

* 가성비(價性比, cost-effectiveness)

41

커피, 한국인의 삶에 스며든 검은 물결
소비를 넘어 문화로

어느 소설가의 말처럼 때때로 인생이란 커피 한잔이 안겨 주는 따스함과 닮았다. 커피를 표현한 글 중에 좋아하는 문장이다. 그러나 더 좋아하는 것은 커피의 맛보다는 커피가 만들어내는 풍경일지도 모른다.

한국에서 커피는 단순한 음료가 아니다.

출근길 손에 든 테이크 아웃 컵, 회의 전엔 커피 한 모금, 점심 후 디저트처럼 마시는 커피, 퇴근 후 카페에서까지, 하루에도 몇 번씩 커피를 마시는 모습은 일상의 한 부분이 되었다. 1인당 연간 소비량은 무려 370잔, 세계적으로 손꼽히는 열정적 커피 공화국이다. *

직장인뿐 아니라 대학생, 주부, 심지어 어르신들까지 세대를 가리지 않고 커피를 사랑한다. 편의점과 배달 앱, 프랜차이즈 커피 전문점의 빠른 성장은 언제 어디서든 손쉽게 커피를 즐길 수 있는 환경을 만들었다.

전국에 8만 개가 넘는 커피 매장이 운영 중으로, 편의점의 숫자와 거의 비슷한 수준이다. 500개 이상의 프랜차이즈 브랜드가 경쟁하며, 고급 스페셜티와 홈 카페 시장까지 성장하는 것을 보면 '커피 공화국'이라는 별

명은 결코 과장이 아니다. 드립 커피, 콜드브루, 디카페인 등 다양하고 세분화된 트렌드 속에서 소비자의 취향과 안목도 해마다 높아지고 있다.

'커피 한 잔 하실래요?'라는 말은 '함께 시간을 브내고 싶다'는 마음을 담은 표현이 된지 오래다.

빠르게 돌아가고 강도 높은 일상 속에서 잠시 멈추어 서는 휴식, 그리고 SNS에 공유하는 '감성 음료' 이미지. 커피는 어느새 소비를 넘어 소통과 감성을 나누는 문화의 상징이 되었다.

한국 커피문화의 독특한 아이콘은 단연 '얼죽아', 즉 '얼어 죽어도 아이스 아메리카노'이다.

눈이 펑펑 내리고 손이 시린 한겨울에도 따뜻한 커피보다 차가운 아이스 아메리카노를 찾는 모습은 우리나라만의 독특한 풍경이다. 뜨거운 수프처럼 몸을 데우는 커피를 마시는 서양과 달리, 한국인들은 뜨겁거나 매운 음식을 먹은 후에 차가운 커피로 입안을 정리하는 것이 자연스러운 습관이 된 듯하다. 이는 비단 커피에만 국한된 습관은 아닙니다. 뜨거운 국물 요리가 많은 식문화 때문인지, 우리는 기본적으로 차가운 음료를 선호한다. 맥주, 소주, 심지어 위스키까지도 차갑게 마시는 것을 보면, 커피 역시 예외가 아닌 듯하다.

'얼죽아'는 단순한 유행을 넘어 하나의 취향이자 정체성의 표현으로 자리 잡았다. 아이스 아메리카노의 쌉쌀하면서도 깔끔한 맛, 그리고 테이크아웃 컵을 들고 거리를 걷는 스타일리시한 이미지는 젊은 세대에게 하나의 문화 코드가 되었다. 한국인들이 커피를 좋아하는 이유는 감각적이고 트렌디한 문화를 선호할 뿐만 아니라 카페 공간이 단순한 소비를 넘어 '소통 공간' 역할을 수행하기 때문일지 모른다.

프랑스 사람들이 카페에서 에스프레소 한 잔을 시켜놓고 수다를 떨며 사교적인 시간을 보내는 것과 달리, 한국의 카페는 마치 개인 사무실이나 독서실 같다. 노트북을 켜고 일하거나 책을 읽으며 고요한 시간을 보낸다. 커피 한 잔을 통해 얻는 휴식과 소통의 방식이 다른 것이다.

커피는 이제 한국에서 단순한 음료가 아니라, 맛을 넘어 취향과 스타일, 소통과 감성을 아우르는 매개체가 되었다. 앞으로도 우리나라의 커피 문화는 소비자의 섬세한 취향과 기술의 발달에 따라 더욱 세련되고 다양하게 진화할 것이다.

---

* 국제 커피기구(ICO)와 관련 산업 보고서에 따르면, 대한민국의 커피 소비량은 세계 10위권에 진입해 있으며, 1인당 연간 소비량은 무려 370잔으로, 330잔의 미국에 앞서고 250잔의 일본을 압도한다. 북유럽의 핀란드, 스웨덴에 이어 세계 3위 수준으로 커피 소비만큼은 그 숫자를 훨씬 뛰어넘는다.

42

희생자가 아닌 선구자 '얼리 어댑터'의 용기있는 선택

현명한 소비자는 기업의 기술혁신을 돕는다.

현명한 소비자들의 등장은 기업들이 공장에서뿐만 아니라 시장에서도 치열하게 경쟁하게 만들었다.

새로운 제품과 서비스가 쏟아져 나오는 시대에, 소비자들의 반응은 갈린다. '좀 더 지켜보고 사자'는 신중형 소비자와 '사용 후기를 기다리자'는 후기 수용자로 나뉩니다. 그러나 이보다 먼저 위험을 무릅쓰고 기꺼이 새로움을 체험하는 이들이 바로 '얼리 어댑터 Early Adopter' 이다.

얼리 어댑터는 때때로 '실험대 위의 소비자', '베타테스터 같은 호갱'으로 비치기도 하지만, 사실은 산업과 기술 발전을 앞당긴 선구자들이다.

그들의 선택과 피드백, 소비 행위 하나하나가 기업의 혁신을 유도하고 시장 판도를 바꾸는 결정적 역할을 할 수도 있기 때문이다.

세계적 대기업들은 국내에서 세계로 시장을 확대하는 과정에서 상품과 서비스를 널리 알릴 새로운 방법들을 실험하고 고안하고 확보하고 적용해야 하는데 이 때 고마운 존재가 바로 얼리 어댑터들이다. 여기에 얼리 어댑터가 이끈 위대한 변화들을 소개한다.

스마트폰 혁명

2009년, 국내에 아이폰 3GS가 처음 상륙했을 때, 기존의 피처폰 사용자들은 회의적이었다. "버튼도 없고 DMB도 안 되고 문자도 불편하다."는 반응이 일반적이었다. 그러나 일부 얼리 어댑터들은 불편함을 감수하고 아이폰을 구매하고 '터치 기반 스마트폰'의 효용을 널리 알리면서 스마트폰 혁명이 일어 났다. 그들의 경험담은 점차 퍼져 나갔고, 삼성과 LG 등 국내 제조사들이 본격적으로 스마트폰 개발에 뛰어드는 계기가 되었다. 결과적으로 한국은 전 세계에서 스마트폰 보급률 1위 국가로 도약했고, 모바일 결제, 플랫폼 비즈니스, 앱 생태계 등 관련 산업 전반이 폭발적으로 성장했다. 불편함을 감수한 얼리 어댑터의 실험정신이 대한민국을 '모바일 강국'으로 만든 기폭제가 된 것이다.

전기차 충전 인프라 발전

2017년 전후, 테슬라가 국내에 진출했을 때만 해도 전기차 구매는 모험에 가까웠다. 충전소도 드물고, 주행거리도 짧았으며, 정비 서비스도 부족했기 때문이다.

하지만 일부 얼리 어댑터들은 기꺼이 테슬라 모델 S, 모델 3를 구매하고, 커뮤니티를 통해 충전소 위치를 공유하며 '충전 생존법'을 만들어냈다. 초기 구매자들의 희생 아닌 선도적인 선택은 정부의 충전 인프라 투자와 국산 전기차 개발을 가속화시키는 촉매제가 되며 친환경 교통 혁신의 시발점이 되었다. 2020년 이후, 한국은 세계 최고 수준의 전기차 판매 성장률을 기록 중이다.

소비자가 곧 개발자, '크라우드 펀딩'의 성공

해외의 예를 보면, 미국의 크라우드 펀딩 플랫폼 킥스타터 Kickstarter는 얼리 어댑터의 영향력을 잘 보여주는 사례이다. 이를 통해 수많은 신제품이 세상에 나왔다.

스마트워치 '페블Pebble', 3D 프린터 '폼랩 Formlabs', 가정용 드론 'DJI' 초기 버전 등은 수많은 신제품이 모두 초기 얼리 어댑터들의 후원과 피드백 덕분에 완성도를 높이고 상업적인 성공을 이루었다. 즉, 얼리 어댑터는 단순히 자금을 지원하는 것을 넘어, 제품의 공동 개발자가 되고, 제품을 사용하고, 시장의 방향까지 제시하는 능동적인 시장 촉진자가 된 것이다.

얼리 어댑터에게는 비전과 결단력, 끈질긴 인내가 필요하다. 그리고 무엇보다 상식과 관행을 기꺼이 바꾸려는 본능이 있다. 그들은 단순한 소비자를 넘어, 시대의 흐름을 바꾸는 진정한 선구자들이다.

43

온라인 상거래 소비자문제
환불지연, 미환불 사태에 대한 대책

표면적으로 보면, 비즈니스의 세계는 단순히 이익만을 따라 움직이는 것처럼 보이지만 그 본질은 기업과 기업 그리고 기업과 소비자 사이의 깊은 관계 위에 세워진다. 이 관계를 소중히 여기는 마음가짐이 없다면, 어떤 성공도 지속될 수 없다.

소비자와 판매기업은 언제든 입장이 바뀔 수 있다는 것을 잊지 않고, 모든 거래와 교류를 영속적인 관계로 인식해야 한다.

상호 신뢰는 오프 라인은 물론 비대면 거래가 주를 이루는 온 라인에서 더 철저하게 지켜져야 한다. 최근 온 라인 시장에서는 소비자의 신뢰 무너뜨리는 위험한 관행들이 사회적 문제로 대두되고 있다.

A씨는 온라인 쇼핑으로 2만 원 상당의 상품을 구매하고 품질 불량으로 반품을 신청하고 택배 회수까지 끝냈다. 반품 과정은 순조로웠지만, 한 달이 지나도록 환불은 이루어지지 않았다. A씨는 고객센터에 여러 차례 항의했지만 '확인 중'이라는 기계적인 답변만 반복될 뿐이었다. 이처럼 환불 지연 또는 환불 불이행과 같은 이른바 '미환불 쇼핑몰' 문제는 더

이상 일시적인 오류가 아닌, 중소형 온라인 쇼핑몰이나 SNS 기반 판매처에서 상습적으로 벌어지는 구조적 문제가 되었다.

또한, 소비자가 불만을 제기해도, 사업자는 '배송 대행업체 문제', '정산 지연' 등을 이유로 책임을 회피하는 것이 다반사이고 심지어 연락을 끊는 경우도 있다.

B씨는 인스타그램 광고를 통해 패션 아이템을 구매했지만, 물건이 끝내 도착하지 않았고, 환불요청에도 판매자는 차일피일 미루더니 결국 연락 두절이 되었다.

C씨도 쇼핑몰에서 '무료 반품 가능' 의 광고를 믿고 반품했지만, 환불은 물론 이중 택배비까지 청구되었다.

이처럼 일부 사업자들은 전자상 거래법에 명시된 정해진 '환불 기한'(통상 3영업일 이내)을 무시하며 배송 대행업체의 탓으로 돌리며 책임을 회피한다. 심지어 소규모 사업자의 경우, 재고 부족이나 운영자 부재 등의 이유로 환불 자체가 불가능한 상황도 발생한다. 오픈마켓이나 SNS 판매 플랫폼은 단순한 '중개자'로 자처하며 소비자 보호에 적극적으로 나서지 않는 상황이다.

온라인 쇼핑은 이미 일상이 되었지만 소비자의 권리가 다양한 형태로 쉽게 무시된다면, '비대면 소비의 편리함'은 '무책임한 사업자'의 불법 무대로 변질될 수 있다. 환불 지연은 단순한 불편을 넘어, 소비자 권리를 침해하고 신뢰를 붕괴시키는 심각한 문제이다. 사업자의 강화된 책임 의식과 함께, 정부의 적극적인 제도 보완이 그 무엇보다 시급한 시점이다. 신뢰를 잃은 관계는 결국 와해되기 마련이다.

소비자 보호를 위한 대책

1. 전자상거래법 강화 및 단속 확대

- 환불 지연을 고의적으로 반복하는 업체에 대해 공정거래위원회가 행정제재 또는 영업정지 처분을 내려야 한다.
- SNS 판매처, 1인 쇼핑몰도 전자상거래법 적용 대상임을 명확히 고지해야 한다.

2. 플랫폼 책임 강화

- 네이버 스마트스토어, 쿠팡, 11번가 등 대형 플랫폼은 입점 판매자의 환불 이행 여부를 감시하고, 미이행 시 플랫폼이 선(先)환불 제도를 운영할 필요가 있다.

3. 소비자 대응 요령 강화

- 거래 전 사업자등록번호, 통신판매업 등록 여부 확인
- 환불 정책 및 연락 수단을 캡처 저장
- 문제가 발생하면 '1372 소비자상담센터'나 '소비자원'에 신고
- 카드결제인 경우 카드사에 '부당거래로 인한 결제취소 요청' 가능

4. 입법 보완: 피해구제 제도 마련

- 소비자 집단 피해에 대한 집단소송제 도입 확대
- 일정액 이상의 미환불 건은 징벌적 손해배상제 적용 필요

VI

소비자 문제 해결 (태도, 문화와 제도)

44

소비자분쟁을 기회로 바꾸는 법
불만의 목소리, 기업 혁신을 위한 지혜

소비자 문제의 진정한 해결책은 소비자와 기업이 함께 노력할 때 비로소 찾을 수 있다. 특히 기업이 소비자 분쟁조정에 접수된 고객의 소리 VOC를 적극 활용하는 것이 긴요하다. VOC는 고객의 불만, 요구, 기대가 담긴 생생한 정보의 보고이기 때문이다.

기업은 이를 바탕으로 분기별 또는 월별의 정기적인 보고를 통해 소비자 니즈와 트렌드를 직접 파악해야 한다. 재발하기 쉬운 분쟁 사례나 새로운 유형의 분쟁을 조기에 발견하면, 실시간 대응은 물론 미래 경영 전략을 선제적으로 수립할 수 있기 때문이다.

문제의 원인에 집중해야 한다.

기업은 분쟁의 건수 자체보다, '소비자가 왜 불편을 느꼈는지'에 초점을 두어야 한다. 예를 들어, 환불 지연의 원인이 단순한 시스템 오류라면 시스템 업그레이드하면 되지만, 정보 안내의 부족이나 불명확한 환불 기준이 문제라면, 고객 커뮤니케이션 프로세스를 개선해야 한다.

첫째, 상품 기획 부서는 분쟁 조정 내용을 통해 제품 개선이나 정책 수립에 필요한 귀중한 인사이트를 얻을 수 있다.

둘째, 마케팅팀은 소비자 불만 데이터를 기반으로, '우리 제품이 왜 필요한가' 라는 근본적인 질문에 대한 답을 찾아 차별화된 메시지를 전달할 수 있다.

셋째, CS팀은 VOC를 분석하여 '자주 묻는 질문' FAQ를 개선하고 상담 프로토콜을 재정비하는 등 서비스 품질을 높이기 위한 구체적인 액션을 설계할 수 있다.

이처럼 고객의 소리를 적극적으로 활용하면 소비자의 신뢰를 쌓을 수 있다. 분쟁 발생 이후에도 기업이 '고객의 목소리를 듣고 반영한다'는 메시지를 전달하여 긍정적인 이미지를 만들 수 있어 일석이조의 효과를 기대할 수 있다. 또한 반복되는 불만 유형을 사전에 예방하여 불필요한 분쟁 비용을 절감하고, 꾸준하고 적극적인 리스크 관리로 브랜드 이미지 훼손을 막을 수 있다.

어쩌면 가장 중요한 성과는 혁신의 기폭제역할일지 모른다. 고객의 실제 목소리는 제품 및 서비스 개선은 물론 새로운 비즈니스 기회의 발굴하는 가장 확실한 길이기 때문이다.

---

* 한국소비자원 소비자분쟁조정위원회에서 처리하는 연간 분쟁 조정 건수는 매년 4~5천건 정도로 2022년 4,229건에서 2023년 5,056건으로 약 19.8% 증가했다. 이는 고객이 피해나 불만 사항을 소비자단체에 접수하고 기업에 해결책을 요구하였으나 고객의 무리한 요구 등의 이유로 합의에 이르지 못해 다툼이 일어난 것을 의미한다.

45

소비자권리 보장의 시발점

'소비자분쟁 해결 기준'을 알고 활용하는 것이 힘이다

소비자 운동은 이미 거스를 수 없는 큰 흐름이 되었다.

불완전한 상품의 시장진출을 막고, 소비자가 적시에 정확한 정보에 접근하는 것을 도왔으며, 또한 가격대비 품질의 기준을 유지하게 하고, 고의적인 가격 상승을 억제하며, 기만적인 판매 방법에 제동을 걸어 소비자가 안전하게 길을 걸을 수 있는 든든한 울타리가 되어 주었다. 그러나 모든 소비자가 울타리 안에서 안전한 것은 아니다. 복잡하고 빠르게 변하는 현대시장 구조 속에서 효율적으로 기능하기 위한 필요한 지식이나 경험이 부족한 소비자들은 여전히 어려움을 겪고 있는 실정이다.

한 가지 사례를 소개한다. 여행을 위해 온라인 숙박 플랫폼을 통해 펜션을 예약한 A씨는 갑작스러운 사정으로 숙박 3일전 예약을 취소했지만, 환불 불가통보를 받았다. 부분적이라도 환불을 기대했던 A씨는 억울했지만 딱히 대응할 방법이 안 떠올랐다. A씨처럼 불만과 의문을 품을 때 필요한 소방수가 바로 '소비자분쟁 해결기준'이다.

소비자분쟁 해결 기준은 피해구제를 받기 위한 소비자의 권리와 역량을 높여 주는 최신의 장치이자 보다 강력한 무기로 '소비자기본법'과 그 시행령에 기반을 둔, 품목별로 세분화된 규정으로 구성되어 있다.

이러한 규정을 알지 못해 손해 보는 일이 없도록, 소비자는 작은 피해라도 쉽게 포기하면 안 된다. 아는 만큼 보호받을 수 있고 이것이 소비자 권리 보장의 시발이기 때문이다.

A씨의 경우로 돌아가 보면 소비자분쟁 해결기준에 따르면, 숙박 서비스는 이용일 기준 6일 전까지 취소하면 전액 환불, 5일 전까지는 70% 차감 후 환불, 1일 전 또는 당일 취소는 환불 불가로 규정되어 있다. A씨가 3일 전에 취소했다면, 환불을 받을 권리는 있었던 것이다. 정확한 기준을 몰라서 환불을 포기하거나, 부당한 피해를 입은 케이스였다. 또한, 천재지변이나 전염병 확산과 같은 불가항력적인 상황에서는 위약금 없이 전액 환불이 가능하도록 명시되어 있다.*

전자레인지를 대형 마트에서 구매한 B씨의 경우도 비슷하다. 일주일도 안되어 작동이 멈춘 전자레인지에 대해 서비스센터는 '수리만 가능하다'는 답변을 들었지만 당연히 소비자 보호법상 의반이다. 소비자 분쟁해결기준은 제품 구입 후 10일 이내에 하자가 발생하면, 교환 또는 환불이 가능하다고 명시되어 있다.

B씨가 자신의 권리를 알았다면 교환이나 환불을 요구할 수 있었던 것이다.

저가 항공사의 특가 항공권은 환불이 불가능하다는 막무가내 통보를 받은 C씨도 마찬가지다. 공정거래위원회가 제시한 분쟁해결기준에 따르면 특가 항공권이라도 출발 91일 전까지는 위약금 없이 환불이 가능하고, 출발시점에 따라 차등 위약금을 부과하면 되는 것이다.

소비자분쟁 해결기준은 소비자의 억울함을 풀어 주고, 공정한 거래 질서를 지켜 주는 든든한 약속이다. 이 기준을 정확히 이해하고 적극적으로 활용하는 것이 소비자로서의 권리를 침해 당하지 않고 스스로를 지키는 가장 확실한 방법이다.

*** 「소비자분쟁해결기준」 숙박업 항목(공정거래위원회 고시 제2023-13호)에 따르면,**

소비자가 숙박을 예약한 후 취소할 경우, 일반적인 환불 규정 외에도 다음과 같은 경우에는 위약금 없이 전액 환불이 가능하다.

- 천재지변, 전염병 확산 등 불가항력적 사유로 이용이 불가능한 경우
- 예: 태풍, 홍수, 대설, 지진, 산불, 코로나19 등 감염병 확산
- 기상청이 발표한 기상특보(예: 태풍주의보, 호우경보 등)가 실제로 예약한 지역에 적용되고, 이동이 어렵다고 인정될 경우

*** 소비자가 부당한 피해를 입었을 때 도움을 요청할 수 있는 소비자 구제 기관**

1372 소비자상담센터

전화번호 1372번으로 전화하면 각 분야별 전문가와 상담이 가능하고, 필요시 분쟁 조정도 연계된다.

한국소비자원

정식 분쟁 조정을 신청할 수 있으며, 소비자분쟁조정위원회에서 법적 효력을 가진 결정도 내려준다.

공정거래위원회

사업자의 불공정 행위를 신고하면, 행정조치가 내려지거나 과징금이 부과된다.

46

죽은 자는 말이 없다. '가습기 살균제 참사'
침묵하는 비극, 은폐된 진실

소비자단체에 몸 담았던 시절, 나에게 깊은 반성을 안겨준 사건이 있었다. 2011년 여름 한국 사회를 뒤흔들었던 참혹한 비극으로 수많은 소비자의 귀중한 목숨을 앗아간 가습기 살균제 참사 사고였다.

1994년부터 판매되어 연간 60만개가 판매될 정도로 히트 상품이었던 옥시의 가습기 살균제. 그러나 큰 인기의 이면에는 인체에 유해하다는 치명적인 문제가 도사리고 있었다.

서울아산병원과 질병관리청이 가습기 살균제를 사용한 사람들 사이에서 유독 폐 손상이 집중적으로 발생한다는 사실을 처음 확인하면서 진실이 수면위로 떠오르기 시작했다. 옥시는 수사가 본격화됨에 따라, 관련 제품들이 회수되고 판매량이 급감하자 생활용품의 생산을 중단하고 공장을 폐쇄하였지만 이미 너무나 많은 생명이 희생된 다음이었다.

2024년 기준, 공식 피해 신고자는 7,000명을 넘었고, 사망자는 1,800명이 넘었다. 그 중 30% 이상이 어린아이였다. 이마저도 과소평가된 빙산의 일각일지 모른다.

가습기 살균제를 사용한 수많은 사람들이 병명조차 알 수 없는 폐 질환으로 목숨을 잃거나, 회복 불가능한 폐 손상을 입었지만 여전히 가습기 살균제와 피해와의 인과관계조차 인정받지 못하고 있다. 결코 일어나서는 안 될 일이 참혹한 현실이 된 것이다. 이 사건은 단순한 산업재해나 제품 불량의 문제가 아니라 기업의 탐욕과 정부의 무책임이 빚어낸 국가적 인재였다.

가장 큰 비극은 책임이 분명한 가해자들이 마땅한 처벌을 받지 않았다는 점이다.

가습기 살균제를 생산한 옥시 레킷벤키저, 애경, SK케미칼 등의 기업들은 언론 앞에서는 발뺌하였고 재판에서는 책임을 부인하거나, 몰랐다는 말로 진실을 외면했다. 특히 옥시는 '세계 최고의 안전 기준을 지킨 제품'이라는 뻔뻔한 주장으로 면피에만 급급했다.

보건복지부, 환경부, 식품의약품 안전처 등 관련 정부부처들도 사건 초기에는 책임 회피로 일관하였고 추후의 진상조사도 소홀하였다. 놀랍게도 제품의 성분도 검증하지 않았고, 인체에 미치는 영향에 대한 연구조차 제대로 하지 않았던 것이다.

결국, 피해자 가족들이 거리로 나서고, 언론이 진실을 파헤치며, 사회적 공분이 들끓은 후에야 비로소 정부와 기업은 마지못해 움직이기 시작했다.

우리가 잊지 말아야 할 것은 이 사건은 단순한 산업 사고가 아니라는 것이다. 한국 사회의 윤리적 수준, 기업의 도덕성, 국가의 책임이 어디까지 무너질 수 있는지를 적나라하게 보여주는 사건이었다. 죽은 자는 말이 없지만 그들의 침묵을 우리가 깨야 한다. 다시는 '이런 비극이 일어나지 않도록' 그리고 진짜 책임자는 누구인지 반드시 기억해야 한다.

47

숨겨진 구원투수, '소비자피해구제 제도'

소비자의 피해는 부적절하고, 부정확한 정보 탓에만 비롯되는 것이 아니다. 현실적으로 빠르고 비용 부담 없는 구제 수단을 찾을 수 없기 때문에 포기하는 경우도 많다.

백화점에서 구입한 불량제품, 배송되지 않는 온라인 주문, 오히려 고장 난 자동차 정비 등은 일상에서 자주 목격하는 일이다.

결함 있는 상품이나 기만적인 판매행위에 직면했을 때, 어디에 하소연할 수 있을까?

많은 소비자는 피해가 발생하면 사용 후기를 올리거나 SNS에 불만을 쏟아내다가 포기해버린다. 소비자들은 주어진 문제를 공적인 수단을 통해 해결하려는 의식이나 정보가 아직 부족하기 때문이다. 당장 눈앞의 급한 다른 문제들이 많기 때문에 자신의 권리에 관심을 가지려 하지 않을 수도 있다. 그러나 국내에는 정비된 제도와 법적인 절차를 통해 소비자가 피해를 실제적으로 구제받을 수 있는 다양하고 정교한 장치들이 존재한다. *

피해 규모와 관계없이 도움을 받을 수 있는 한국소비자원, 무료 상담을 제공하는 1372 소비자상담센터, 주로 불공정 거래 행위를 신고할 수 있는 공정거래위원회, 3,000만 원 이하의 소액 사건을 빨리 해결해주는 법원의 소액사건 심판제도까지. 이 외에도 지역민들의 소비자 피해구제를 돕는 지방자치단체의 소비생활센터도 규모에 관계없이 상시적으로 상담할 수 있다.

또한 소비자단체 및 NGO의 지원도 요구할 수 있고, 한정적이지만 집단소송제도도 가능하다. 그러나 문제는 많은 소비자가 이러한 제도의 존재 자체를 모른다는 것이다.

혹은 '귀찮다', '시간이 오래 걸릴 것이다'는 생각에 지레 포기하는 경우도 많다. 다소 알고 있더라도 딱히 긍정적인 결과를 기대를 하지 않아 구제 절차가 무의미하다고 믿는 경향이 있는 것도 사실이다.

그러나 이러한 제도들은 생각보다 간편하고 효율적이다. 대부분 무료이거나 저렴한 비용으로 온라인에서도 처리가 가능하다.

'소비자는 왕'이라는 말은, 권리와 책임이 함께 따를 때 비로소 의미를 갖는다. 소비자의 권리는 주장할 때 보호받을 수 있다. 피해를 입고도 침묵한다면 악덕 기업들에 면죄부를 주고 활개를 치게 만드는 것뿐이다.

소비자 한 사람의 정당한 문제 제기가 전체 소비자 문제의 개선의 불씨가 될 수 있다. 사실 소비자들의 개별 이익은 작고 미미하지만 이들이 제기하는 목소리는 기업, 특히 대기업에게는 매우 현실적이고 강력한 압박으로 작용한다. 기업인들은 소비자에 비해 훨씬 더 긴장할 수 밖에 없는 것이다. 소비자의 권리를 보호하기 위한 제도는 이미 존재한다. 필요한 것은 단 한 가지, 바로 피해를 방관하지 않고 자신의 권리를 찾는 소비자의 용기 있는 한 걸음이다.

소비자 피해구제 안내

1. 한국소비자원에 피해구제 신청

- 가장 많이 활용되는 제도다.
- 한국소비자원(https://www.kca.go.kr)은 공정거래위원회 산하 기관으로, 소비자가 겪은 피해를 공정하고 객관적으로 중재해준다.
- 상품이나 서비스에 문제가 있을 경우, 관련 증빙자료(영수증, 계약서 등)를 첨부하여 온라인, 전화, 방문 접수가 가능하다.
- 처리 결과는 사업자에게 권고하는 형식이며, 강제력은 없지만 대부분의 기업은 이를 따르는 편이다.

예시: • 중고차 구매 후 숨겨진 사고 이력 발견 → 무상 수리 또는 일부 환불 결정
• 인터넷 쇼핑몰에서 배송 지연 및 일방 취소 → 배상 권고

2. 1372 소비자상담센터

- 전국 어디서나 국번 없이 ☎ 1372로 전화 가능
- 소비생활 전반에 걸친 불만, 피해 상담을 전문 상담원이 도와준다.
- 한국소비자원, 지자체 소비자상담센터, 소비자단체 등이 협력하여 운영하는 시스템이다.
- 문제 해결이 어렵거나 분쟁으로 번질 가능성이 있는 경우에는 소비자원 피해구제로 연계해준다.

3. 공정거래위원회 신고

- 사업자가 표시광고법, 전자상거래법, 할부거래법 등을 위반한 경우 직접 공정거래위원회에 신고 가능.
- 조사 후 과징금 부과, 시정명령, 사업자 제재 등 강제 조치를 취할 수 있다.

예시: • 허위 과장 광고로 소비자 오인 → 사업자에 과징금
• 환불 거부 및 고의적 배송 지연 → 영업정지

4. 소액사건심판제도 (법원 제도)

• 피해 금액이 3000만원 이하일 경우, 간편한 절차로 민사소송이 가능하다.

• 소장을 직접 작성해 간단한 비용으로 법원에 제출하면 된다.

• 법원은 조정이나 판결을 통해 빠르게 결론을 내려준다.

예시: • 학원비 환불 거부, 중고제품 판매 후 고장 → 손해배상 청구 가능

5. 지방자치단체 소비생활센터

• 각 시·도청, 구청 등에 설치된 소비자 보호 부서에서도 피해 상담 가능

• 일부 지자체는 현장 조사나 조정 역할도 수행한다.

6. 소비자단체 및 NGO의 지원

• '사단법인}소비자와 함께' '한국YMCA전국연맹', '한국소비자연맹', '녹색소비자연대' 등은 기업과의 협상, 언론 제보, 집단 민원 제기 등으로 소비자 권익을 보호한다.

• 특히 소비자 집단 피해에 대응하거나, 제도 개선 활동도 병행한다.

7. 집단소송제도 (한정적 운영 중)

• 현재는 증권 분야에만 제한적으로 시행되고 있으며, 향후에는 일반 소비자 피해로도 확대될 예정(법 개정 논의 중).

• 다수의 피해자가 연대하여 기업에 손해배상을 청구할 수 있는 제도.

48

소비자 피해, 보이지 않는 상처
정신적 피해 보상도 가능한가?

소비자는 상품이 불량이거나 혹은 실망스런 서비스에 직면했을 때 막연히 혹은 당연히 제품교환이나 환불 등의 금전적 보상을 기대한다. 그러나 때에 따라서 물질적 피해를 넘어 불안과 분노, 수치심 같은 보이지 않는 정신적 고통까지 남기기도 한다.

과연 소비자가 입은 '정신적 손해'도 법적으로 인정되고 피해보상을 받을 수 있을까? 결론부터 말하면, 제한적이지만 가능하다. 사안에 따라 인정되지만 입증 책임이 까다로운 것이다. 정신적 피해, 소위 위자료는 손해배상의 일종으로 민법 제751조에 명시된 것처럼 고의 또는 과실의 불법행위, 손해 발생, 그리고 둘 사이의 인과관계가 증명될 때 비로소 인정된다.

실제로 정신적 손해배상이 인정된 사례들을 찾아 보면

국내 A 항공사는 고의적으로 외국인에게는 좋은 좌석을 주고, 한국인 승객에게는 상습적으로 뒤쪽 좌석만 배정하자 피해자들은 차별적 대우로 인한 모욕감을 느껴 위자료 청구하였고 법원은 '고객 응대 과정에서 인격침해'를 인정하고 정신적 손해에 대한 위자료를 지급하라고 판결했다.

케이크 플라스틱 조각 사건도 유명하다. B베이커리의 케이크에서 나온 플라스틱 조각으로 치아가 부러진 소비자가 치료비는 물론 정신적 위자료까지 인정받았다.

성형수술의 부작용으로 얼굴이 훼손되어 우울증을 겪은 환자에게 법원은 우울증이 인정하고 정신적 고통에 대한 위자료 300만을 지급하라는 결정이 있었다.

가장 대표적인 사례는 가습기 살균제 사건으로 (46번 참조) 피해자의 유족들이 장기간 겪은 심각한 정신적 고통, 트라우마, 그리고 상실감에 대해 대법원은 정신적 손해 배상으로 수억 원의 위자료를 지급하라고 판결했다.

그러나 '정신적 손해배상'에 대한 실효적인 판결이 일부 있었음에도 불구하고 현실의 벽은 매우 높은 편이다.

사법부는 판매자의 고의나 중대한 과실이 없는 한 정신적 손해를 인정하는 데 매우 신중하다. 그러나 소비자들이 겪는 일상의 분쟁에서 발생하는 정신적 피해는 입증이 쉽지 않고 입증 책임도 소비자에게 있기에 더욱 어렵다. 일반 소비자가 감정, 심리상태, 사회에 끼친 영향을 수치화 하기 어렵고 이를 증명하기 위해 의학적 소견서나 병원의 진단서를 떼기도 현실적으로 쉽지 않다.

정신적 피해는 눈에 보이지 않지만 때로는 금전적 피해보다 훨씬 더 크다. 따라서 피해를 입었다면 감정적으로만 호소하기 보다, 사진, 녹취 또는 병원 진단서 등 객관적인 증거를 확보하는 것이 무엇보다 중요하다.

문제를 외면하지 않고 이의를 제기하는 작은 행동이 바로 소비자 권익을 향상시키는 첫걸음이다. 그래야만 진정한 '소비자 중심 사회'가 완성될 수 있다고 믿는다.

앞으로는 소비자 보호 정책이 '물질적 피해 뿐만 아니라 '정신적 고통'까지 아우를 수 있도록 법적 인식과 사회적 공감, 그리고 제도적 보완이 함께 발전하도록 많은 노력을 기울여야 할 것이다.

해외사례 비교

미국

위자료 인정 폭이 가장 넓음

- 징벌적 손해배상제(Punitive Damages)가 있어 고의·악의적 행위가 있을 경우 천문학적 배상까지 가능
- 정신적 피해에 대해 배심원이 공감하면 수억 원 배상도 가능

예) 스타벅스에서 뜨거운 음료로 화상을 입은 고객 → 단순 화상 외에도 공포, 스트레스 등 정서적 고통 인정 → 수천만 원 위자료

일본

한국과 유사, 위자료 인정은 소극적

- 다만 기업의 사후 대응 태도가 나쁘면 위자료에 영향을 미침

예) 유명 의류 브랜드에서 다량의 곰팡이 발견 → 사과 미흡하자 법원이 "신뢰 붕괴에 따른 정신적 고통" 인정

독일

객관적 기준 중시

- 감정평가와 정신과 진단서를 요구
- 정신적 피해 보상이 가능하되, 전문가 소견이 필수
- 위자료 액수는 보통 수백 유로 수준으로 제한적

49

소비자분쟁을 해결하는 3가지 단순한 원칙 '소비자는 왕'이라는 거짓말

'소비자는 왕' 이라는 표현은 모든 기업이 즐겨 사용하는 광고카피이지만 고객 불만 현장에서는 번번이 무너지는 약속이다. 판매자가 생산과 유통에서 우위를 점할 때 소비자의 불편과 억울함은 시작된다.

LG전자의 소비자 민원부서에 근무하던 시절 하루에도 수십 건씩 분쟁을 마주했던 것을 기억한다. 사소한 불평에서 기업의 존폐를 가를 만큼 심각한 사건도 많았다. 언론의 주목을 받을 수 있는 대형 사건이 터지면 회사 내부의 대응 매뉴얼이 쉴 틈 없이 작동하고 법무, 홍보, 영업, 고객센터까지 수많은 부서가 얽히고 섞이며 문제해결을 위해 동분서주했다. 그러나 '대기업다운' 복잡한 문제 해결 프로세스는 큰 도움이 되지 않았고 정작 실질적인 해법은 현장 실무자의 상식적 판단에서 나오는 경우가 많았다.

이러한 경험을 통해 나는 분쟁 해결의 핵심은 결국 단순하고 명쾌해야 한다는 확신을 갖게 된 것이다. 복잡한 시스템과 매뉴얼보다 더 효과적으로 갈등을 해결하는 세 가지 원칙은 다음과 같다. 실제로 수 많은 갈등을 조정하고 해결했던 기준이 되었다.

첫 번째 열쇠는 현장의 권한부여와 공감 능력이다.

고객 불만을 가장 빠르게 해결하려면 복잡한 보고 체계를 건너뛰고 현장 담당자에게 일정한 결정의 권한을 주어야 한다. 그 결정권에 앞서 무엇보다 중요한 것은 현장에서 상대방의 감정에 공감하는 능력이다.

고가의 전자제품을 구입한 고객이 일주일 만에 고장을 겪었다. 서비스센터는 '이상이 없다'는 판정을 내렸지만, 당시 현장 담당자는 고객의 말을 충분히 경청하고 "저라도 그 상황이면 같은 불만을 가졌을 것."이라며 공감하고 즉각 교환해 주었다. 이러한 공감과 신속한 판단은 고객의 불만은 오히려 깊은 신뢰로 바뀌었다. 고객은 제품이나 서비스 때문에 화를 내는 것이 아니라, 자신의 감정을 '아무도 이해하지 않으려 할 때' 더 분노한다는 것을 잊지 말아야 한다.

둘째로 균형점을 찾아야 한다.

분쟁 해결의 핵심은 어느 한쪽 편을 들지 않고, 양측이 모두 납득할 수 있는 균형점을 찾는 것이다. 소비자도 기업도 어느 한 쪽이 일방적으로 억울해서는 안 된다. 소비자는 당연히 보호받아야 하지만, 기업도 불합리한 요구로 일방으로 피해를 입어서는 안 된다. '배송이 늦어져 계약을 못 했다'며 위약금을 청구한 고객이 있었다. 그러나 내부 확인 결과, 배송은 예정대로 이뤄졌고, 오히려 고객이 물품 확인 전에 계약을 먼저 체결한 상황이었다. 이런 경우, 단순히 '고객이니까 무조건 보상하자'는 식의 판단은 기업의 신뢰와 내부 질서를 무너뜨린다. 정확한 사실 확인과 양쪽의 입장을 모두 고려한 조율이 필요하다. 억울한 소비자도 억울한 기업도 있어서는 안 된다.

셋째로 과도하지도 부족하지도 않은, 적정성을 지켜라!

보상의 수준은 분쟁 해결에서 가장 민감한 부분이다. 과도한 보상은 다른 소비자에게 그 부담이 전가되고, 부족한 보상은 신뢰를 잃게 만든다. 중요한 것은 적정성이다.

항공편 지연으로 비즈니스 미팅을 놓쳤다며 '해외 항공권 2매'를 요구한 고객이 있었다. 항공사의 일부 임원은 언론에 노출될 수 있는 사안으로 보고 요구를 수용하려 했지만 천재지변으로 인한 불가항력이었고, 회사 규정상 현금 보상 대신 대체편 제공이 원칙이었다. 만약 무리한 요구를 수용했다면, 유사한 요구가 반복되었을 것이고, 그 비용은 결국 다른 고객들에게 전가되었을 것이다.

일시적인 문제 해결을 위해 불공정한 보상을 택하는 것은 장기적으로 모두에게 손해인 것이다. 기업과 소비자 간의 분쟁해결은 누가 옳고 그른지를 따지는 싸움이 아니라 어떻게 공정하게, 어떻게 상대를 이해시키며, 어떻게 지속 가능한 해결책을 찾는 긴 마라톤과 같다. 복잡한 규정과 시스템보다 중요한 것은 현장 담당자의 판단력, 공감 능력, 그리고 균형감각이다.

갈등을 푸는 해법은 두껍고 복잡한 매뉴얼에 있는 것이 아니라, 사람과 사람 사이의 상식과 신뢰 위에서 출발해야 한다는 점을 명심해야 한다.

50

중고차 구매, 주의해야 할 것들

보이는 것 너머를 보라

세상 모든 것을 있는 그대로 보는 것은 참으로 어려운 일이다.

본능적으로 새로운 것을 기존의 경험과 지식에 끼워 맞춰 인식하려 하기 때문이다. 특히 처음 경험하는 미지의 영역에서는 더욱 그렇다.

겉으로 보이는 것에 현혹되어 정작 중요한 본질을 놓치기 쉽다. 정보가 넘쳐나는 시대일수록, 자신만의 관점으로 정확하게 판단하는 능력이 중요해지는 이유가 바로 여기에 있다.

중고차 구매도 마찬가지이다. 대부분의 소비자에게 중고차는 낯선 영역이기에 신중해야 한다.

소비자단체에 접수된 한 중고차 피해 사례를 통해 현명한 소비자의 지혜와 판매자의 책임에 대해 생각하고자 한다

2024년 2월, A씨는 온라인 중고차 플랫폼 'X Car'에서 모든 기능이 정상이라는 설명을 듣고 아반떼를 구입했지만, 2개월 뒤 에어컨이 고장 났고, 가스를 주입했지만 1년이 채 지나지 않아 또다시 문제가 발생했다.

정비소는 '가스가 전부 빠져 수리비가 100만 원 이상' 이라고 통보했다. A씨는 판매자에게 수 차례 연락했지만, 판매자는 '퇴사한 직원'이라며 책임을 회피했고, 후에 자신이 판매자임을 인정하면서도 '죄송하다'는 말만 반복할 뿐으로 책임자 연결 요청도 거부당했다.

에어컨 문제 외에도 시동 불량, 창문 고장, 배터리와 타이어 교체, 타이밍 벨트 수리 등 잦은 고장을 일으켰다. 1년 남짓한 기간 동안 발생한 수리비는 상당했고, 이는 명백히 차량 상태에 대한 고지의무를 위반하고 소비자를 기만하는 행위였다.

위와 같은 사례는 자주 발생하는 경우다. 중고차 소비자도 정상적인 품질과 책임 있는 사후 대응을 받을 권리가 있다. 이 억울한 사례가 다시는 반복되지 않도록 소비자의 주의 의무와 제도적 개선이 필요하다.

무엇보다 '소비자분쟁해결기준'에 따른 해결책을 찾아야 한다 (공정거래위원회 고시 제2023-14호 기준 / 자동차 중고차 거래)

공정거래위원회의 '소비자분쟁해결기준'에 따르면 중고차는 인도일로부터 30일 또는 주행거리 2,000km 이내에 냉방장치 고장 또는 작동 불량과 같은 하자가 발생하면 수리, 부품 교환 또는 환급을 받을 수 있다. (단, 정비기록 또는 차량성능 상태점검 기록부에 명시되지 않았던 하자가 보증기간 내 발생해야 적용)

A씨의 경우 첫 고장이 보증기간 이후에 발생했기 때문에 법적인 강제 수리는 어려운 상황이었지만 판매 당시 '정상 작동'이라는 설명과 달리 이미 하자가 존재했기 때문에, 이는 명백한 고지의무 위반이자 기망 행위에 해당할 가능성이 높았다.

A씨에게 관리 책임 또는 과실은 없었을까?

A씨는 첫 고장 후 정비소에서 에어컨 가스를 주입하고 별다른 이상을 못 느꼈고, 에어컨 가스는 보통 2~3년 이상 유지되므로, 1년 만에 누출된 것은 관리 문제가 아니었고 차량 자체의 결함으로 봐야 한다. A씨는 차량 관리에 소홀함이 없었고, 문제를 은폐했거나 방치했다고 볼 수 있는 정황도 없었기 때문에 소비자 과실은 없음에 가깝고, 소비자의 정상적인 사용 중 발생한 문제로 판단해야 할 사례였다.

중고차 판매회사 X Car의 법적, 도덕적 책임은 어디까지일까?

대기업 중고차 플랫폼인 X Car는 소비자 신뢰를 최우선으로 해야 함에도 불구하고, 차량 상태 점검 의무를 제대로 이행하지 않았다. 하자가 있는 차량을 '모든 기능이 정상 작동'으로 안내한 것은 명백한 설명 의무를 위반하였고, 담당 판매자는 책임 회피 및 불성실 대응으로 일관하여 사후 서비스 및 민원 응대 책임을 제대로 지지 않았다고 볼 수 있다. 법적으로는 보증기간을 이유로 책임을 회피할 수 있지만, 기망 판매나 중대한 하자 은폐가 입증될 경우 손해배상이나 분쟁 조정 신청이 가능한 경우다.

중고차 판매 기업과 딜러들은 정직한 판매가 당장의 수익보다 더 큰 가치를 지닌다는 것을 명심해야 한다. 정직하고 정당한 판매는 입소문을 타고 퍼져 장기적으로 더 큰 이익을 가져온다. 결국, 중고차 거래는 단순한 물건을 사고파는 행위가 아니라, 신뢰라는 이름으로 맺어지는 관계이기 때문이다.

중고차 거래 분쟁 해결 기준

구분	판단 내용
소비자분쟁해결 기준 적용	보증기간(30일 또는 2,000km) 경과로 원칙상 적용 어려움 단, 하자 은폐·고지의무 위반 등 불공정 거래 입증 시 적용 가능성 있음
소비자 과실 여부	과실 없음 – 정상적인 사용 및 적절한 초기 대응 이행
중고차 업체(K Car) 책임	차량 상태에 대한 허위 설명 가능성, 민원 응대 부실, 하자 은폐 정황 존재 등 다수의 책임 소지 있음

Ⅶ

디지털 문화,
AI시대의 소비자 문제

51

4차산업혁명 시대의 빛과 그림자
알고리즘에 속절없는 소비자

잘 알려진 대로 4차 산업혁명은 인공지능 AI, 빅데이터, 사물 인터넷 IoT, 메타버스 등 전대미문의 기술혁신을 탄생시켰다. 이러한 획기적인 기술적 발전들은 우리의 삶을 한층 편리하게 만들었지만, 동시에 소비자의 피해도 양과 질적 측면에서 과거와는 차원이 다르게 복잡하고 규모도 커지고 있다.

첨단기술이 일상 생활 깊숙이 파고들면서 소비자 권리 침해는 더 은밀하고 예측 불가능한 양상으로 전개되고 있다.

최근 A씨는 평소 즐겨 하던 온라인 게임에 접속했다가 PC 상태의 불량으로 게임이 정지되었다. 몇 분간의 접속이었기에 잊고 있었지만 월말에 날아온 청구서의 상상 초월의 금액을 보고 기겁하지 않을 수 없었다. 게임이 멈춘 사이, 전자지갑과 연동된 결제 시스템이 자동으로 작동해 아이템들이 연속으로 구매되며 결제내역이 실시간으로 빠져나간 것이다. 고객센터에 문의해도 AI 응답 시스템은 "고객님의 동의 하에 결제가 진행된 사항입니다."라는 기계적인 답변만을 반복할 뿐이었다.

A씨의 피해는 빙산의 일각에 불과하다.

4차 산업혁명 시대의 소비자는 눈에 보이지 않는 알고리즘과 자동화된 거래 시스템 속에서 철저하게 수동적인 존재로 전락했다. 스마트 홈 기기가 자동으로 작동해 과도한 전기세가 부과되거나, AI가 추천한 온라인 쇼핑 상품이 구매 의도와 관계없이 자동으로 결제되는 경우도 흔하다. 더 나쁜 것은 플랫폼 기업들이 사용자의 동의 없이 데이터를 과도하게 수집하고 활용하며 개인정보를 조직적으로 적극적으로 침해하고 있다는 사실이다.

기술의 속도에 뒤처진 법과 제도

심각한 문제는 이러한 유무형의 피해를 소비자가 인지하기도 어렵고, 입증하기는 더더욱 어렵다는 점이다. 끊임없이 앞서 나가는 새로운 기술의 속도를 법과 제도가 감시하기는커녕 인식도 못하고 있는 것이 현실이다. 정보화 혁명의 세부적인 기술의 등장으로 피해를 당한 소비자는 어디에 호소해야 할지, 누구에게 책임을 물어야 할지 조차 모르는 미로에 갇혀버린 것이다.

4차 산업혁명 시대에는 기술 혁신 못지않게 '소비자 보호 혁신'이 시급하다. AI 및 디지털 거래에 대한 법적 보호 장치를 촘촘하게 마련하고, 플랫폼 기업의 책임을 명확히 규정해야 한다. 또한 피해를 입은 소비자가 쉽게 권리를 되찾을 수 있는 분쟁 해결 시스템의 구축이 필요하다.

기술은 인간의 삶을 위한 수단이지, 소비자를 착취하는 도구가 되어서는 안된다. 지금이야말로 첨단 기술의 그늘에 숨겨지고 가려진 소비자의 목소리를 되찾아야 할 때인 것이다.

52

AI시대 기술의 진보, 위기인가 기회인가

현재, 우리는 초 연결 사회라는 새로운 풍경에 살고 있다.

4차 산업혁명의 등장으로 탄생한 인공지능 AI, 로봇, 빅데이터, 사물 인터넷 IoT 등 서로 엮이며 삶을 완전히 바꾸어 놓았다. 특히 AI와 로봇은 인간의 노동을 대체하며 생산성을 획기적으로 높이고 있다.

하지만 이 혁신의 이면에는 짙은 그림자가 드리워져 있다.

자동화가 가능한 단순 노동직, 사무직, 운송업 등에서 고용이 줄어들면서 사람들이 일자리를 잃고 소득이 감소하고 있다. 이는 소비를 위축시키고 내수 시장을 침체시키는 악순환으로 이어지고 있다.

물론 이러한 발전으로 새로운 기회를 창출할 수도 있다.

AI 개발, 데이터 분석, 로봇의 유지와 관리와 같은 고부가가치 직업들이 탄생할 수 있다. 그러나 혁신적인 변화에 대비하기 위한 새로운 교육과 재훈련 시스템은 아직 걸음마 단계에 머물러 있고 사회적 합의도 아직 이루어지지 않은 상황이다.

언제나 그렇듯이 기술의 발전 속도에 비해 노동 시장의 대응은 언제나 더디기 때문이다.

4차 산업혁명 시대에는 '로봇과 인공지능이 실업자를 양산한다'는 이분법적 사고에서 벗어나야 한다. 미래기술 발전의 흐름은 멈출 수 없지만, 그 기술이 인간을 소외시키지 않도록 노력하는 것이 우리 시대의 최우선의 과제이다. 소비 감소와 실업의 위기를 극복하기 위해서는 정부와 기업의 역할이 중요하다. 사회 안전망을 확충하고, 평생교육 시스템을 강화하며, 소비자 보호 정책을 마련하는 등 다각적인 대응이 함께 이뤄져야 한다.

결론적으로, 4차 산업혁명의 물결은 분명 위기일 수 있지만, 대전환의 기회가 될 수 있다. 적절한 대응이 뒤따른다면 기술이 가져온 새로운 소비문화와 일자리의 기회를 포착할 수도 있을 것이다. 미래를 향한 길은 멈추지 않겠지만, 그 길 위에서 인간의 삶이 더욱 풍요로워지도록 함께 노력해야 한다.

53

융복합 시대,
현명한 소비자의 역할

말 암컷과 수컷 당나귀의 교배로 태어난 '노새'는 적게 먹고 힘이 세어 실용성이 높다. 반면 말 수컷과 암 당나귀의 결합인 '버새'는 많이 먹고 힘이 약해 크게 쓸모가 없다.

이러한 흥미로운 생물학적 사실은 서로 다른 영역을 결합해 새로운 가치를 창출하는 융복합 산업에 중요하고 본질적인 교훈을 준다. 모든 결합이 '노새'처럼 성공적인 것은 아니며, '버새'처럼 실패할 수도 있다는 것이다.

융복합 산업의 사례를 들면, 스마트 워치는 시계와 디지털 기술, 헬스케어 기능의 융합이고, VR 미술관은 문화예술과 가상현실 기술의 결합이다. 겉으로 단순해 보이는 무인카페도 외식업과 IT(결제, 키오스크, 로봇 시스템)기술이 융합된 사례이다.

이러한 융복합 사례들은 혁신적이지만, 모든 조합이 성공으로 이어지는 것은 아니다. 모든 결합이 최선도 아니고 걸작으로 탄생하는 것도 아니다. 소비자의 관점에서 보면, 사용법이 어렵고, 효용이 불분명하고, 가격 대비 만족도가 낮은 융합 제품은 외면 받기 쉽다. 융합은 조합 그 자체보다 조화와 적합성이 중요하다.

융복합 제품과 관련 서비스는 기술적인 기회인 동시에 소비자에게 다양한 경험과 편의성, 새로운 라이프스타일을 제안하지만, 반면에 소비자에게는 낯선 기술과 사용방식, 복잡한 기능 그리고 기존 범주의 해체로 인해 혼란과 학습 부담을 겪을 수 있다.

예를 들어, 스마트냉장고에 요리 앱이나 쇼핑 기능이 탑재되고, 재고 알림까지 갖추고 있어도, 소비자가 원치 않거나 익숙하지 않다면 비싸고 비효율적인 냉장고일 뿐이다.

따라서 융복합 시대의 소비자는 단순히 새로운 기술을 받아들이는 수동적인 존재가 아니라, 스스로의 소비 지능을 키워 현명한 선택을 해야 한다.

그렇다면 융복합 시대를 살아가는 현명한 소비자의 지혜는 무엇일까?

첫째, 기능보다 '나에게 맞는가' 를 기준으로 단단해야 한다.

화려한 기능에 이끌리기 보다 자신의 라이프스타일에 꼭 필요한 기능인지 파악하는 것이 우선이다. 공신력 있는 정보와 신뢰도 높은 사용 후기, 전문가 리뷰, 실사용자의 의견을 통해 실제 가치를 가늠할 수 있다.

둘째, '디지털 소화력'을 키워야 한다.

처음부터 모든 기능을 한 번에 익히려고 하기 보다, 하나씩 천천히 익히며 활용 폭을 넓히는 것이 현명하다.

마지막으로 정서적, 사회적 가치도 고려해야 한다. 단순히 기술적 성능뿐 아니라, '내 삶을 어떻게 바꾸는지', '정서적, 사회적 가치는 무엇인지'도 중요한 판단 기준이 되어야 한다.

소비자는 끊임없이 진화한다.

하지만 그 진화가 올바른 방향으로 나아가기 위해서는 시간과 노력이 필요하다. 융복합 시대에 소비자는 단순히 제품을 수용하는 것을 넘어, 새로운 가치를 선택하고 조율하는 역할을 해야 한다. '노새'처럼 강력하고 효율적인 조합을 고르고, '버새'처럼 겉만 그럴듯한 결합을 걸러내는 안목이 필요하다. 기업 또한 기술력에만 의존할 것이 아니라, 소비자의 적응 속도와 수용 방식, 그리고 직관적인 사용성도 깊이 고려해야 한다. 결국, 융복합은 단순히 기술을 물리적 혹은 화학적으로 결합하는 것이 아니라, 소비자의 삶과 감각에 자연스럽게 녹아 드는 새로운 '경험의 창출'이다. 물론 모든 조합이 성공을 낳지 않는다. 노새와 버새의 교훈처럼, 진정으로 가치 있는 융합은 좋은 궁합과 올바른 맥락 속에서 태어난다. 융복합 시대의 성공을 결정짓는 마지막 열쇠는 바로 소비자의 현명한 선택에 달려 있는 것이다.

54

디지털 소비환경,
빛의 속도로 변하는 세상, 그림자 속을 걷는 소비자

4차 산업혁명의 물결이 휩쓸고 간 자리, 우리의 일상은 디지털 소비라는 새로운 지형으로 탈바꿈했다. 손안의 작은 스마트폰 하나로 모든 것을 사고팔고, 인공지능이 추천하는 상품을 신뢰하며, 가상현실 속에서 쇼핑을 즐기는 시대다. 그러나 혁신의 흐름 속에서 간과해서는 안 될 문제가 숨어 있다.

"과연 새로운 소비환경에서 소비자의 권리는 안전하게 보호받고 있는가?"

기존 오프라인 거래에서는 제품의 하자나 계약 불이행, 허위 광고와 같은 전형적인 소비자 피해 유형이 명확했고, 이를 해결하기 위한 법적 기준과 절차도 비교적 충실했다. 하지만 디지털 소비환경에서는 양상이 완전히 다르다.

가상 자산이나 디지털 콘텐츠 구매 후 환불이 불가능해 벌어지는 논란, 라이브 커머스 중 실시간 구매를 유도한 후 상품이 배송되지 않는 문제, 심지어 알고리즘 오류로 인한 잘못된 가격 결제까지, 과거에는 상상조차 할 수 없었던 새로운 유형의 피해가 속출하고 있다.

이러한 문제들은 과거에 없던 유형이기에, 해결의 선례도 기준도 없고 관련 법규조차 제대로 갖춰지지 않아 소비자는 고립된 채 막막함을 느끼고, 기업은 명확한 규정이 없다며 책임을 회피하는 상황이 반복된다.

특히, 대부분의 거래가 플랫폼을 통해 이루어지면서 판매자, 플랫폼, 소비자 사이의 책임 관계가 불분명해지는 경우가 많다. 플랫폼 업자의 무책임으로 소비자 권리의 사각지대가 발생할 우려가 큰 것이다.

예를 들어, 배달 플랫폼에서 음식이 잘못 배달되거나 디지털 콘텐츠 플랫폼에서 다운로드 오류가 발생했을 때, 누가 책임져야 하는가?

많은 플랫폼이 '우리는 단순한 중개자일 뿐'이라는 입장을 고수하며 책임을 외면하면서도, 동시에 막대한 수수료 수익을 올리는 구조는 불합리할 뿐만 아니라 소비자의 권익을 심각하게 위협하는 주된 원인이다.

더욱이 노인, 장애인과 같은 디지털 약자는 새로운 기술에 대한 이해도가 낮아 피해에 더욱 취약하다. 이들은 단순히 디지털 기기 사용에 어려움을 겪는 것을 넘어, 복잡한 거래 약관이나 환불 정책과 같은 디지털 환경에 내재된 복잡한 소비 구조 자체에 의해 소외되고 있다.

기존의 낡은 소비자 보호 체계로는 디지털 시대의 복잡한 문제들을 해결하기 어렵다. 따라서 다음과 같은 새로운 제도적 보완과 문화적 대응을 서둘러야 한다.

첫째, 디지털 소비자권리 선언부터 서둘러야 한다.

새로운 시대에 걸맞은 소비자 권리를 명확히 정의해야 한다. 이를 바탕으로 '알고리즘 설명을 요구할 권리', '디지털 콘텐츠에 대한 환불 요구권', 그리고 '가상환경에서도 계약 취소권'과 같은 새로운 권리들을 법제화해야 한다.

둘째, 플랫폼 책임을 강화시킬 법제화를 서둘러야 한다.

단순 중개자라는 명분 뒤에 숨어 책임을 회피하지 못하도록 일정 규모 이상의 플랫폼에는 '소비자 피해 배상책임 보험' 가입을 의무화 하는 등 법적 책임을 강화해야 한다.

셋째, 분쟁조정 기준의 디지털화를 도모해야 한다.

온라인 거래의 특성에 맞게 전자적 분쟁조정 시스템을 구축하고, AI 기반의 자동 분쟁 조정 시스템도 시범적으로 도입하여 신속하고 효율적인 해결 방안을 모색해야 한다.

마지막으로 디지털 소비자 교육을 강화해야 한다.

청소년과 고령자까지를 대상으로 디지털 윤리 소비를 가르치는 교육을 학교, 공공기관, 미디어 등을 통해 적극적으로 활성화해야 한다. 디지털 소비는 이미 우리 삶의 일부가 되었지만, 이를 뒷받침할 소비자 보호 체계는 아직 갈 길이 멀다. 전례가 없다고 수수방관할 수는 없다. "아무도 가보지 않은 길을 이제는 함께 만들어가야 할 때"이다. 소비자, 정부, 기업이 협력하여 투명하고 공정한 디지털 소비 환경을 구축해야 한다.

새로운 시대에는 새로운 권리가 필요하고, 그 권리를 보장하는 새로운 제도가 반드시 뒤따라야 한다.

55

속도전쟁의 최전선,
배달서비스의 편의성과 문제점

현대의 소비자는 무엇이든지 가능한 마술사와 같다. 한겨울에도 싱싱한 수입 딸기를 맛보고. 수 천 킬로 떨어진 나라의 물건도 어렵지 않게 구입할 수 있다. 클릭 몇 번으로 따뜻한 음식과 생필품이 문 앞까지 도착한다. 쿠팡 이츠, 배달의 민족, 요기요 같은 배달 앱은 우리의 일상을 완전히 바꾸어 놓았고 이제 디지털 소비 환경의 상징이 되었다.

그러나 눈부신 편리함의 이면에는 깊은 구조적 모순과 무시할 수 없는 사회적 비용이 숨겨져 있다.

우리가 누리는 편리함과 신속함은 누군가의 희생을 바탕으로 한 것이기 때문이다. 오늘날의 배달 서비스는 마치 전쟁과 같다. 1분 1초를 다투는 최전선처럼 배송은 빨라야 한다. 소비자가 "빠름"에 익숙해질수록 배달 기사들은 더 많은 주문을, 더 짧은 시간에 소화해야 하는 압박에 시달린다. 이로 인해 교통사고, 장시간 노동, 불안정한 수입 등 심각한 노동 문제가 만연하고 있다. 플랫폼 노동자로 분류된 라이더들은 산재 보험의 사각지대에 놓이거나 불충분한 보호를 받는 경우가 많다. 이른바 '알고리즘 노동'은 비인간적인 효율성을 요구하며 인권을 위협하고 있다. 자영업자의 수익구조를 갉아먹는 플랫폼 수수료도 문제다. 배달앱은 소비자에게는 편리하지만, 입점한 자영업자들에게는 점점 높아지는 수수료와 광고비도 큰 부담이다. 매출액의 10~20%에 달하는 수수료는 결국 음식 가격 인상으로 이어지거나, 자영업자의 수익 감소로 연결된다. 대형 프랜차이즈는 자본력을 바탕으로 경쟁에서 우위를 점하지만, 골목상권의 영세업자는 점점 설 자리를 잃고 있다.

가장 큰 문제는 소비자의 권리와 책임 사이의 불균형 문제일지 모른다. 잘못된 배송이나 늦은 도착 혹은 음식변질 등 배달 중 자주 발생하는 문제에 대해 소비자와 가맹점, 배달 플랫폼 간의 책임소재가 명확히 구분되지 않고 있다. 보상도 제 각각이다. 플랫폼 업체들은 단순 '중개자' 라는 입장으로 책임을 회피하고, 그 피해는 고스란히 애꿎은 소비자에게 돌아간다. 이러한 문제들을 해결하고,지속 가능한 배달 생태계를 만들기 위해서는 모두의 노력이 필요하다.

첫째, 플랫폼 노동자 보호를 제도화해야 한다.

배달 기사의 노동시간을 제한하고, 산재노험 가입을 의무화하여 노동의 강도를 줄이고, 안전과 권리를 보장해야 한다.

둘째, 공정한 수익구조를 확립해야 한다.

플랫폼 기업은 알고리즘 기준을 투명하게 공개하고, 중소상인을 위한 차등 수수료 정책이나 광고비 상한제를 도입해야 한다. 공공배달앱과 같은 지역 상생 플랫폼도 적극적으로 검토할 가치가 있다.

셋째, 소비자 보호를 강화해야 한다.

분쟁의 발생시 책임 소재를 명확히 가릴 수 있는 신속한 중재 시스템을 준비하고 환불 및 보상 절차를 표준화하고 자동화해야 한다.

마지막으로 윤리적 소비 문화가 확산되어야 한다.

소비자들도 무작정 '더 빠르게' 를 요구하기보다 '더 공정한' 배달에 대해 고민하는 윤리적 소비 문화가 널리 퍼져야 한다.

디지털 기술은 우리의 삶을 풍요롭게 만들 수 있지만, 그 과정에서 소외되거나 희생되는 이들이 있어선 안 된다. 배달서비스의 편의성을 지속 가능하게 만들기 위해서는 사용자, 기업, 정부 모두가 함께 고민하고 실천해야 한다. 여기에 "소비의 윤리" 가 점점 더 중요해지는 이유가 있다.

Ⅶ

한국소비자가 만든 K-Culture

56

한류 열풍,
'빨리빨리'와 '함께'가 만든 한류의 신화

최근, 세계적인 열풍의 한류, Korean Wave는 K-Pop의 역동성, K-드라마의 섬세한 스토리, K-뷰티와 K-푸드를 비롯한 다양한 한국 문화 콘텐츠로 무장하여 국경을 넘어 막대한 영향력을 행사하고 있다. 한류는 단순한 현상을 넘어 문화의 커다란 물결이 되었다.

흔히 한류의 성공 요인으로 엔터테인먼트 업계의 뛰어난 기획력, 정부의 적절한 지원, SNS를 통한 정보확산 등을 꼽지만, 근본적인 원인은 국내 소비자들의 독특한 특성에 있는 것은 아닐까? 한류는 정책적으로, 의도되어 탄생한 문화 상품이라기보다, 젊은 한국인들의 선호 감정과 소비 스타일 그리고 가치관이 함께 반영되어 탄생한 결과물이기 때문이다.

새삼 강조할 것도 없이 우리 사회의 대표적인 특성 중 하나인 빠른 '역동성'은 한류 성공의 핵심동력이다. '빨리빨리' 문화는 단순히 조급함이 아니라 새로운 것을 빠르게 받아들이고, 변화에 누구보다 민감하게 반응하는 태도를 의미한다.

이러한 문화가 반영된 한류 콘텐츠는 새로운 자극을 갈망하는 한국 소비자들의 특성에 완벽하게 적응했다.

예를 들어, K-Pop 아이돌 그룹은 수개월, 때로는 몇 주 간격으로 새로운 앨범과 트렌드를 쉬지 않고 쏟아낸다. 팬들은 '컴백'이라고 불리는 이 주기에 맞춰 새로운 음악, 무대 의상, 뮤직비디오를 빠르게 소비하며 다음을 기대한다. 과거 한 그룹만의 활동을 파고들던 시대를 지나, 현재는 여러 그룹의 다양한 콘텐츠를 실시간으로 즐기는 '멀티 팬덤' 문화를 탄생시켰다. 또한, 숏폼과 라이브 방송이 활성화되면서 팬들은 아이돌의 일상까지도 실시간으로 소비하고 있는 실정이다.

드라마 시청 방식에서도 변화가 뚜렷하다. 주 1회 방영이 과거의 익숙한 패턴이었지만, 온라인 스트리밍 플랫폼(OTT)의 활성화로 시청자들은 원하는 시간에 몰아보는 '정주행'을 선호한다. 이처럼 빠르게 변화하는 콘텐츠에 대한 국내 소비자들의 높은 수용성과 신속한 소비의 속도는 프로듀서들을 끊임없이 자극하는 채찍이 되었고, 결국 다양한 장르와 포맷의 혁신적인 콘텐츠가 탄생하는 밑거름이 되었다.

국내 소비자들의 까다로운 비판은 콘텐츠의 디테일을 완성시켰다. 어색한 스토리, 허술한 연출, 진부한 설정은 바로 외면당했기 때문에 제작자들은 더욱 빠르고 흥미로운 전개와 예측 불가능한 반전을 담아내는 데 집중하였고, 이는 한국 드라마의 높은 몰입도를 이끌어내는 성공 원인이 되었다. K-드라마가 완성도 높은 영상미, 섬세한 감정선, 복잡하면서도 탄탄한 서사 구조로 정평이 자자한 것은, 시청자들의 공감을 얻고 깊이 있는 몰입감을 선사하기 위한 치열한 노력의 결실이었다.

한류의 특징은 속도에만 있는 것은 아니다. 개인의 성향보다 공동체의 소속감을 중시하는 한국 사회의 특성은 새로운 집단적인 팬덤 문화를 등장시켰다.

좋아하는 아이돌이나 배우를 응원하기 위해 팬 카페나 SNS 그룹에 모여 '덕질'을 함께하고, 단순히 콘텐츠를 소비하는 것이 아니라, 앨범을 공동 구매하고, 굿즈를 제작하며, 투표 독려 활동을 펼치는 등 적극적으로 팬덤 활동에 참여한다. 개인적인 취향의 공유를 넘어, '우리 그룹'의 성공을 위해 다 함께 노력하는 것이다.

더욱이 우리 사회에 이미 깊숙이 뿌리내린 소셜 미디어는 팬덤 활동의 확산을 가속화시켰다. 팬들은 트위터, 인스타그램, 유튜브 등을 통해 실시간으로 정보를 공유하고, 해시태그 총공(총공격), 스밍(스트리밍) 총공과 같은 조직적인 활동을 전개한다. 집단적인 팬덤의 파급력은 개별적인 활동에 비교할 수 없으며, 음원 차트 순위, 방송 프로그램 시청률 등에 직접적으로 영향을 미치는 것도 더 이상 놀라운 일이 아니다.

한류는 더 이상 우리만의 문화가 아니다. 과거 한류의 시작과 성장을 이끈 동력이 국내 소비자들의 특성에 있었듯, 미래에도 그 핵심은 변함 없을 것이다. 결국 한류 콘텐츠를 가장 먼저 만나는 관객이자, 가장 비판적인 평론가이며, 가장 열정적인 프로듀서가 한국인이기 때문이다.

57

'빨리 빨리'의 재발견, 세계를 선도하는 한국의 속도 혁신

한국인의 특성을 말할 때 '빨리빨리' 를 빼놓을 수 없다. 단순히 성급한 국민성이나 기질이 아니라 전쟁과 산업화 그리고 민주화의 시기를 거치며 축적된 생존형 습관이자 경쟁적 효율성의 산물인 것이다.

'빨리빨리' 문화는 때로 조급함의 상징으로 비하된 적도 있었지만, 사실은 혁신적인 제품과 세계적 서비스 모델을 탄생시킨 결정적인 촉매제였던 것을 아는 사람은 드물다.

기다리는 것을 싫어하고 느린 인터넷에 인내하지 않는 한국 소비자들의 요구는 짧은 시간 내에 세계 최고 수준의 ICT 환경을 만들었다.

1990년대 후반부터 정부와 기업이 빠르게 구축한 광대역 인터넷망과 세계 최초로 상용화된 4G, 5G 통신망은 '빨리빨리' 정신, 즉 빠른 속도에 대한 국민의 요구가 만든 결과다.

덕분에 한국은 온라인 게임, 스트리밍, 원격진료, 메타버스 서비스 등 첨단 디지털 서비스의 테스트베드로 전 세계의 주목을 받고 있다. 해외 기업들도 새로운 기술을 가장 먼저 한국 시장에서 테스트하는 이유가 바로 여기에 있다.

한국인들은 빠른 문화 상품을 발명한 사람들이다.

카페, 음식점, 병원, 공항 등에서 흔히 볼 수 있는 무인 키오스크와 모바일 오더 시스템 역시 '빨리빨리' 문화가 낳은 발명품이다.

팬데믹 이전부터 한국 사회는 고객의 빠른 주문과 결제에 대한 요구로 비대면, 무접촉의 자동화 시스템을 일상화시켰던 것이다. 스타벅스의 '사이렌 오더', 공공기관의 전자민원 시스템, 병원의 모바일 접수까지, 빠르고 정확한 일 처리를 지향하는 시스템들이 한국형 디지털 서비스의 모범이 되었다.

또한 음식과 물건을 기다리지 않는 한국인의 특성이 세계 최고 수준의 배달 생태계를 만들어냈다. 대표선수는 바로 '배달의 민족'과 '쿠팡의 로켓배송'이다.

'배달의 민족'은 단순히 음식 배달을 넘어, UI/UX 디자인, 자동화 시스템, 상권별 분석 기술 등의 첨단기술을 접목해 글로벌 기업 딜리버리 히어로(DH)에 수조 원 규모로 인수되며 세계의 주목을 받았고 쿠팡의 로켓 배송 역시 '오늘 주문하면 내일 도착'이라는 기준을 시장에 정착시키고, 미국 상장까지 성공하며 '한국식 물류 혁신'의 상징이 되었다.

한국인들은 먹는 것도 기다리지 않는다. 프랑스인들처럼 한 끼 식사에 두 세시간을 쓸 시간과 의지는 처음부터 아예 없는 것이다. '빠른 한 끼'를 원하는 한국인의 소비 습관은 즉석식품과 편의점 간편식의 놀라운 발전을 이끌었다. 편의점의 3분 즉석식품들 - 도시락, 삼각김밥, 컵라면은 단순히 가성비가 좋고 빠르게 먹을 수 있는 음식일 뿐 아니라 영양, 맛, 포장 디자인에서 고급화된 상품이 되었다.

현재, K-편의점 음식은 일본, 동남아를 넘어 미국 등에서도 인기를 누리고, 한국식 HMR(Home Meal Replacement) 모델은 글로벌 식품업계의 주목을 받고 있다.

또한, K-뷰티도 물론 '빨리 빨리' 문화 소산물이다 '즉시에 효과'를 원하는 소비자의 욕구가 그 성공을 인도한 것이다. K-뷰티를 세계적으로 성공으로 안내한 것은 바로 즉각적인 효과와 편리성 때문이다.

1일 1팩 문화는 '당장 효과를 보고 싶다'는 국내의 소비자 요구에서 탄생했고, 전 세계 뷰티 시장에 한국산 마스크팩 열풍을 일으켰다. 또한, LED 마스크, 홈 뷰티 디바이스, 앰플형 고농축 화장품은 시간과 비용을 아끼고 싶어 하는 한국 소비자들에게서 출발한 트렌드로, 글로벌 시장에서도 경쟁력을 인정받고 있다.

한때 '빨리빨리'는 부정적으로 인식되기도 했지만, 이제는 혁신과 효율을 중시하는 소비자 트렌드로 재조명되고 있다.

한국 소비자의 높은 기대치와 빠른 적응력은 기업에게 끊임없는 도전이자 기회였고, 이를 기반으로 글로벌 무대에서 수 많은 성공 사례가 탄생했다.

대한민국의 '빨리빨리'는 단순한 국민성이 다니라, 디지털 시대의 속도를 선도하는 강력한 에너지다. 이제 세계는 한국을 따라 더 빨리 움직이고 싶어 한다.

58

한방! 과학의 언어로 재탄생, 전통을 넘어 미래로
한의사들의 의지와 소비자들의 선택이 좌우

널리 알려져 있듯이, 우리의 전통 한의학 韓方은 중국 전래의 漢方과는 구별되는 흥미로운 특징이 있다. 바로 '예방'과 '개인 맞춤형'의 치료라는 독특한 강점이다.

현대 서양 의학이 이미 발병한 질병의 치료에 중점을 둔다면, 한방은 병이 싹트기 전, 몸의 균형을 바로 잡고 면역력을 높여주는 예방적 기능에 집중하기에 만성 피로, 소화 불량, 스트레스성 질환 등 현대인들의 고질적인 질환들에 대한 사전 처방을 기대할 수 있다. 질병의 겉이 아닌 근본에 접근하는 방식인 셈이다.

특히 사상의학이라는 독보적인 이론을 통해 환자의 체질을 태양인, 태음인, 소양인, 소음인으로 분류하고, 각 체질에 맞는 치료법으로 많은 효과를 거두어 왔다. 또한 침, 뜸, 한약, 부항 등 전통적인 의료기구는 국민 건강에 기여하며 한방만의 독자적인 영역을 공고히 하였다.

그러나 오늘날 한방의 의학적 입지는 과거와 다르게 크게 흔들리고 있다. 한방치료의 과학적 근거에 대한 전반적인 의문과 약재의 안전성에 대한 우려로 인해 심각한 도전에 직면해 있기 때문이다.

그렇다면 실추된 평판을 회복하고 새로운 활로를 모색하기 위해서 어떠한 노력이 필요할까?

무엇보다 과거의 이미지에서 벗어나 시대의 흐름에 맞는 과감한 변화를 모색해야 한다. 이를 위해서 한의사들의 혁신적인 의지와 소비자들의 현명한 선택이라는 두 축이 필수적이다.

한방학계와 한의사들이 우선적으로 다룰 과제는 한방치료의 과학적 근거를 확보하는 일이다. 서구의 현대 의학이 끊임없는 연구와 임상을 통해 발전해 왔듯이, 한방도 그 원리를 현대 과학의 법칙으로 풀어 내고, 한약의 효능과 안전성을 객관적으로 입증해야 한다. 예를 들어, 특정 한약재가 염증 반응을 억제하거나 면역력을 강화하는 생물학적 기전을 밝혀낸다면, 한방에 대한 신뢰를 높이는 결정적인 계기가 될 것이다.

또한, 한방 치료 시스템의 현대화도 중요하다. 전통적인 진맥과 문진 외에도 초음파, 엑스레이, 혈액 검사 등 현대 의료 기기를 적극적으로 활용하여 질병을 진단하고 치료 효과를 객관적으로 측정해야 한다. 더 나아가, 한방과 양방간의 협진을 통해 환자에게 최적의 치료를 제공하는 길이 반드시 열려야 한다. 환자들에게 더 넓은 선택지를 제공하고, 한방과 서양 의학이 서로를 보완하며 시너지를 창출하는 긍정적인 효과를 가져올 것임은 말할 필요도 없을 것이다.

한의사들의 노력 외에도 소비자들의 현명한 선택 역시 매우 중요하다. 과거의 경험만으로 한방만을 맹신하거나, 혹은 비과학적이라는 편견으로 무조건 배척하기보다는, 주체적인 판단을 통해 한방의 가치를 제대로 평가해야 한다.

우선, 소비자들은 한방의 의료정보를 꼼꼼히 탐색해야 한다. 특정 한방 치료나 한약재에 대한 정확한 평가와 임상 사례 등을 찾아보고, 치료를 맡길 한의사의 전문성과 경력을 확인하는 노력이 필요하다. 무분별한 광고나 과장된 효능에 현혹되지 않도록, 신뢰할 수 있는 기관이나 전문가의 의견을 참고하는 노력을 기울여야 한다.

이처럼 한방의 미래는 한의사들이 스스로를 변화시키고, 소비자들이 한방의 가치를 재인식하며 두 바퀴가 조화롭게 굴러갈 때 비로서 열릴 것이다. 한방은 더 이상 과거의 유물이 아니라, 미래의 건강을 책임지는 동반자로서 새로운 도약의 기회를 맞이할 수 있을 것이다.

59

K 컬처와 한방, 소비자 편의성 제공
새로운 한류의 가능성, 치유를 넘어 문화로 탄생

한방이 새로운 미래를 열기 위한 여러 가지 과제에도 불구하고, 현재 전 세계를 휩쓰는K-Culture라는 든든한 기반 위에서 새로운 영역을 개척하고 있다. K-Pop과 K-Drama는 물론 K-Food, K-Beauty 와 어깨를 나란히 하며 한류의 새로운 동력으로 떠오르고 있는 것이다.

앞에서도 다루었지만, 한방은 몸과 마음의 조화를 중시하고, '나를 위한 맞춤형 관리' 를 강조한다.

이러한 한방의 핵심원리는 '웰빙Well-being'과 '힐링Healing'을 추구하는 현대인의 취향에 부합한다.

이처럼 서구의 현대의학이 가지지 못한 한방의 전인적 접근법은 K-Culture의 웰빙 트렌드와 맞물려 외국인들에게 신선하고 매력적인 콘텐츠로 깊게 각인되고 있다.

K-Culture의 진정한 매력은 단순한 콘텐츠 소비를 넘어선 '체험'에 있다. 해외 팬들은 한국 스타들이 즐겨먹는 음식, 사용하는 화장품, 그리고 건

강 관리법까지 직접 경험하며 한국 문화를 이해하려 한다. 이 과정에서 한방은 최근 인기가 절정에 달한 K-Beauty와 K-Food의 날개를 달고 비약적인 발전을 이루었다.

예를 들어, K-Beauty와 결합한 한방미용-안면침, 한방 약초팩-과 힐링 스파는 한방을 새로운 미용 콘텐츠로 변모시켰고, K-Food의 열풍속에서 탄생한 한방 약선 요리나 체질에 맞는 한방차의 체험은 외국인들에게 우리 문화에 대한 깊이 있는 이해의 기회를 제공했다.

이처럼 한방은 단순한 의료 행위를 넘어 K-Healing이라는 새로운 개념으로 확장되며, 한류의 외연을 넓히는 매우 중요한 분야로 자리 잡았다.

한방은 이제 한국인의 삶과 철학이 담긴 고유한 문화 콘텐츠로 혜성같이 등장하며 K-Culture의 지평을 확장하고, 새로운 관광 수요를 창출하는 데 크게 기여하고 있다.

현재는 물론 미래, 전 세계를 휩쓰는 K-Culture의 강력한 파고 속에서 한의학의 미래는 낙관적이다. 한방은 일시적인 유행이 아니라, 지속 가능하고 스토리텔링이 풍부한 문화 자산으로서 그 가치를 더욱 크게 빛낼 것이다.

외국인 관광객을 위한 한방 체험 방안

① 접근성 및 편의성 강화

- **다국어 서비스 확대:** 통역이 가능한 의료진을 확보하고, 한의학 용어를 쉽게 설명하는 다국어 안내 자료(예: 체질 진단표, 침술 및 뜸 시술 안내)를 제작해야 합니다. 공항이나 주요 관광지 내에 다국어 지원이 가능한 한의원 정보를 제공하는 키오스크를 설치하는 것도 좋은 방법이다.

- **온라인/모바일 플랫폼 구축:** 외국인 전용 예약 시스템이나 온라인 상담 서비스를 구축하여, 방문 전 궁금증을 해소하고 편리하게 예약할 수 있도록 지원합니다. SNS를 통해 한방 체험 후기, 한방 건강 팁 등을 공유하여 잠재적 방문객의 관심을 유도할 수 있다.

② 관광 연계 체험 프로그램 개발

- **한방 웰니스 투어**

  - **궁중 한방 체험:** 경복궁, 창덕궁 등 고궁 주변에 한방 클리닉이나 한방차 카페를 조성해 한복 체험과 함께 '왕실의 보약', '궁녀의 미용 비법' 등 스토리를 담은 프로그램을 제공한다.

  - **도심 속 힐링:** 서울 강남, 명동 등 쇼핑 중심가에 한방 뷰티 클리닉, 한방 마사지숍을 연계한 'K-Beauty & K-Healing' 패키지를 개발하여 쇼핑과 건강 관리를 동시에 만족시키는 상품을 만든다.

한방 체험의 구체적인 콘텐츠

관광객의 흥미를 유발할 수 있는 구체적인 체험 프로그램을 통해 한의학을 재미있게 경험하도록 유도한다.

① 체험형 클래스 운영

- **나만의 한방차 만들기:** 관광객들이 자신의 체질이나 건강 상태에 맞는 약재를 직접 골라 한방차를 블렌딩하고, 포장하여 기념품으로 가져갈 수 있는 클래스입니다. 이는 단순한 체험을 넘어 개인의 건강에 대한 관심으로 이어질 수 있다.
- **한방 쿠킹 클래스:** 한의학적 효능을 가진 식재료를 활용해 보양식이나 건강 간식을 만드는 클래스입니다. 예를 들어, 인삼, 대추, 잣 등을 이용한 '삼계탕'이나 '수정과' 만들기 등을 통해 한국의 식문화와 한의학을 동시에 체험.

② 스파 및 뷰티 프로그램

- **한방 스파:** 족욕, 좌훈, 약재를 활용한 마사지 등 한의학적 원리를 적용한 스파 프로그램을 통해 여행의 피로를 풀고, 몸의 균형을 되찾는 경험을 제공합니다. 이는 '힐링 여행'을 추구하는 현대 관광객의 니즈에 부합한다.
- **한방 미용 체험:** 미용에 관심이 많은 관광객들을 위해 안면침, 약침, 그리고 한방팩 등을 활용한 뷰티 프로그램을 선보입니다. 이는 K-Beauty의 혁신적인 이미지와 한의학의 신뢰성을 결합하여 시너지를 창출할 수 있다.

60

외국인 관광객 1억명 유치 불가능하지 않다
기회의 땅 한반도, 관광으로 새롭게 피어나다

최근 우리 경제의 성장은 뚜렷한 하락세를 보이며, 저성장의 그늘이 짙게 드리워져 있다.

우리는 새로운 돌파구를 찾아야 하고 그 해답은 바로 4차 산업혁명이라는 거대한 물결을 타고 떠오르는 관광 산겁에 있는 것은 아닐까?

현재 관광산업은 전 세계 GDP와 고용에서 각각 10%를 차지하고, 수출과 서비스 부문에서도 각각 7%와 30%를 차지할 정도로 상당한 비중을 차지할뿐더러 그 중요성은 점점 높아지고 있다.* 세계 경제의 중요한 축으로 자리 잡은 관광 산업은 이제 더 이상 선택이 아닌, 우리 경제의 미래를 열어줄 핵심적인 열쇠일지 모른다.

하지만 우리의 현실은 아직 갈 길이 멀다.

2024년, 프랑스가 1억 명의 관광객을 유치하며 세계 1위를 기록하고, 스페인(8,180만명) 과 미국(7,690만명)이 그 뒤를 잇는 동안, 한국은 1천637만 명에 그쳐 (피크였던 2016년의 1,710만명보다 오히려줄었다) 세계적인 관광 강국들과 현저한 격차를 보이고 있다. 더욱이 국내를 찾는 외국인 관광객의 98%가 서울(78%)과 제주(20.2%) 단 두 곳에만 머무는 쏠림 현상은 관광 경쟁력을 떨어뜨리는 주요 원인이다. 세계경제포럼(WEF)이 발표한 관광 경쟁력 지수에서도 서울과 쇼핑 중심의 관광이 주를 이루다 보니 낮을 수밖에 없고 일본과 중국에 뒤지는 것으로 나타났다. 특히 자연 경관 부문에서 가장 낮은 점수를 받은 것은 (유네스코에 등재된 국내 자연유산은 제주 화산섬과 용암 동굴뿐이다) 풍부한 문화 콘텐츠에 비해 자연유산의 홍보와 활용이 미흡하다는 현실을 보여준다.

이러한 상황에서 관광객 1억 명을 달성하는 것은 쉽지 않겠지만, 장기적으로는 충분히 가능한 일이다. 한국은 이미 그럴 만한 잠재력을 갖추고 있기 때문이다. 오천 년의 긴 역사 속에는 아직 세계 무대에 충분히 소개되지 않은 수많은 이야기가 숨어 있다. 경복궁, 불국사, 판소리와 한지, 그리고 한식과 K-뷰티까지 한국의 매력을 스스로 이야기할 수 있는 콘텐츠가 차고 넘친다.

세계의 관광객들이 특정 국가를 찾는 이유는 단순히 볼거리를 넘어, 그 나라만의 정체성과 매력을 체험하기 위함이고, 우리나라는 이러한 다양한 스토리텔링의 저력을 그 어느 나라보다 충분히 지니고 있기 때문이다.

우선, 세계적인 반향을 일으키고 있는 한류를 적극적으로 활용해야 한다.

드라마, K-팝 등 문화 콘텐츠를 통해 한국의 매력을 알리고, 이를 통해 더 많은 이들이 한국을 찾도록 유도해야 한다.

그리고 무엇보다 중요한 것은 남북한 관광 교류이다. 북한의 풍부하고 수려한 자연경관을 활용하고, 유럽과 극동을 잇는 철도 연결을 궁극적인 목표로 삼아야 한다. 외국 관광객들이 부산에서 K 컬쳐를 체험하고, 강릉과 원산을 지나 시베리아 횡단 열차에 연결되어 유럽까지 이어지는 상상만으로도 가슴이 벅차 오른다. 한반도의 평화가 이루어진다면, 유럽인들 역시 호기심 가득한 눈으로 극동의 끝자락인 한국까지 찾아올 것이다.

독일은 통일 후 20년간 관광객 수가 두 배로 증가했다. (통일 전에도 동독을 찾는 외국 관광객이 많았음에도 불구하고) 따라서 과거 '동토의 국가'로 여겨졌던 북한의 이미지는 통일 한국의 관광객 증가에 더 큰 폭발력을 더해줄 것이다. 우리는 남북이 함께하는 경제 발전 모델을 구상하여, 한반도를 더 이상 분단의 상징이 아닌 평화의 상징, 세계 관광 문화의 중심지로 우뚝 세워야 한다. 남북한의 인구를 뛰어넘는 관광객이 한반도를 가득 채울 그날을 기대하며, 관광으로 새롭게 피어날 우리의 미래를 함께 그려보기만을 바랄 뿐이다.

세계관광기구(WTO) 보고서

- 지난해 전 세계 사람들이 해외 여행에서 쓴 경비는 1조 3,400억 달러, 약 1,500조 원에 달하는 것으로 집계됐다. 이는 세계 금융위기가 끝난 2009년 이후 가장 큰 증가라고 한다.

- 관광객들이 지출하고 간 비용을 보면 미국을 방문한 외국인들은 2,107억 달러, 약 232조 원을 썼고 2위는 680억 달러 약 75조 원으로 스페인, 프랑스는 607억 달러다.

- 문화체육관광부 산하 한국국제 문화교류진흥원(진흥원)은 '2017 한류 파급효과 연구 보고서'에 의하면 지난해 한류로 인한 총수출액이 82억1000만 달러(약 8조8500억 원)로 전년보다 6.9% 증가한 것으로 나타났다.

- 세계적인 음악 스타 그룹 탄생으로 세계인들로 부터 이목이 집중되어 있다. 그룹 방탄소년단이 미국 타임지가 선정한 '올해의 인물' 1위에 올랐다. 레이디 가가, 아리아나 그란데, 테일러 스위프트 등 팝스타들은 물론, 문재인 대통령, 도널드 트럼프 미국 대통령, 프란치스코 교황 등 전 세계 유명 인사들도 방탄소년단의 기세에 미치지 못했다.

경제적 효과

관광객 1억 명 유치는 단순히 방문객 수의 증가에 그치지 않는다. 막대한 경제적 효과를 동반한다.

- 총 소비 효과: 관광객 1억 명 × 1,500달러 = 1,500억 달러 (한화 약 200조 원)
- 이는 대한민국 전체 수출액(2024년 약 6,700억 달러)의 22% 수준이며, 한국 GDP(약 2조 달러)의 7~8%에 해당한다.

고용 효과도 크다. UNWTO와 OECD 기준으로 관광객 1명당 약 0.05~0.1개의 일자리가 창출된다. 1억 명 관광객은 500만~1,000만 개의 일자리를 만들어낼 수 있다. 이는 단순한 숙박•음식업 고용을 넘어 항공, 교통, 쇼핑, 문화, 의료관광 등 광범위한 산업을 아우른다.

결국 관광객 1억 명 유치는 GDP의 7~8%를 끌어올리는 제2의 반도체 산업급 성장 동력이 될 수 있는 것이다.

부록

소비자단체 창립 및 활동 약사

1955년

YWCA, 대한부인회, 대한 어머니회 등 여성단체 중심으로 국산품애용, 불매운동 등을 활발히 전개

1964년

서울YWCA 내에 소비자위원회가 설치되며 민간 기반 소비자운동이 본격화됨

1970년 1월 20일

한국소비자연맹이 설립되며, 국내 최초의 소비자 전문 단체가 공식 출범

1976년

한국소비자연맹이 설립되며, 국내 최초의 소비자 전문 단체가 공식 출범

2014년

사단법인 소비자와 함께 출범(필자가 공동 대표로 있는 단체)

2014년 11월 14일

창립행사에는 정운찬 전 국무총리, 김현 대한변협 회장 등 소비자권익 증진 지향의 주요 인사들이 참석했습니다 전신: 한국미래소비자포럼 (2007년 12월 설립) 소비자운동의 전통적인 틀에서 벗어나 새로운 패러다임을 꾀하기 위한 시민사회 기반 포럼으로 출발

소비자단체 등록현황(공정위)

단체명	대표	설립일	연락처
(사)한국소비자단체협의회	남인숙	1976.04.16.	02-774-4050
(사)한국여성소비자연합	김천주	1964.02.28.	02-752-4227
(사)소비자교육중앙회	주경순	1972.11.07.	02-2273-6300
(재)한국기독교청년회전국연맹유지재단	안재웅	1914.04.02.	02-754-7891
(사)한국와이더블유씨에이연합회	조은영	1922.04.20.	02-774-9702
(사)한국소비자교육원	전계순	1981.06.09.	02-579-0603
(사)소비자시민모임	문미란	1983.01.20.	02-739-5441
(사)한국소비자연맹	강정화	1970.01.20.	02-795-1042
(사)녹색소비자연대전국협의회	유미화 외 1人	1996.10.11.	02-3273-7117
(사)소비자공익네트워크	김연화	1994.12.08.	02-325-3300
(사)한국부인회총본부	남인숙	1963.10.09.	02-701-7321
(사)대한어머니회중앙회	박에스더	1958.03.17.	02-512-0488
(사)미래소비자행동	허영숙	2010.09.04.	02-706-1372
(사)한국여성단체협의회	허명	1959.12.26.	02-794-4560
(사)소비자와함께	정길호 외 3人	2012.11.20.	02-2272-3414
(사)금융소비자연맹	조연행	2001.03.01.	02-739-7883
경제정의실천시민연합	김성달	1989.07.08.	02-765-9731
(사)해피맘	조태임	2013.04.17.	02-324-7324

피해구제란?

"피해구제"란 소비자가 사업자가 제공하는 물품 또는 용역을 사용하거나 이용하는 과정에서 발생하는 피해를 구제하기 위하여 **사실조사, 전문가 자문 등을 거쳐 관련법률 및 규정**에 따라 양 당사자에게 공정하고 객관적으로 합의를 권고하는 제도입니다.

분쟁의 해결은 원칙적으로 민사소송을 통해 해결하여야 하나 **소송은 비용, 기간, 절차 등의 번거로움이 발생**할 수 있는 반면, **한국소비자원 피해구제는 법원 판결과 달리 강제력은 없지만 비용 없이 신속히 분쟁을 해결**할 수 있습니다.

이런 경우에는 피해구제 대상에서 제외됩니다.

- 사업자의 부도 , 폐업 등으로 연락이 불가능하거나 소재파악이 안 되는 경우
- 신청인(소비자)의 주장을 입증(입증서류 미제출 포함)할 수 없는 경우
- 영리활동과 관련하여 발생한 분쟁, 임금 등 근로자와 고용인 사이의 분쟁, 개인간 거래 등 소비자와 사업자 사이의 분쟁이 아닌 경우
- 국가 또는 지방자치단체가 제공한 물품 등으로 인하여 발생한 피해인 경우
- 소비자분쟁조정위원회에 준하는 분쟁조정기구에 피해구제가 신청되어 있거나 피해구제절차를 거친 경우
- 법원에 소송 진행중인 경우 등

피해구제 절차 안내

01

소비자 상담

소비자피해 발생 시 소비자상담을 신청 하면 대응 방법 안내 등 신속한 문제 해결에 도움을 드립니다. 피해구제 신청 전 먼저 상담을 받아야 합니다.

02

피해구제 신청

소비자상담으로 문제가 해결되지 않을 경우 방문, 우편, 인터넷을 통하여 피해구제를 신청할 수 있습니다.

접수된 피해구제는 30일 이내에 처리하며 사안에 따라 90일까지 연장이 가능합니다(토·일요일 및 법정공휴일 제외).

03

사업자 통보

피해구제가 접수되면 해당 사업자에게 피해구제 접수사실이 통보됩니다.

접수사실을 통보 받은 사업자는 사건 발생 경위 등에 대한 해명과 합의 의사를 전달해 오는 경우도 있습니다.

04

사실조사

소비자의 주장과 사업자의 해명을 토대로 '서류검토', '시험검사', '현장조사', '전문가자문' 등을 통해 사실조사를 실시합니다.

05

합의권고

사실조사를 바탕으로 관련 법률 및 규정에 따라 공정하고 객관적으로 양 당사자에게 합의를 권고하며 합의가 이루어질 경우에는 사건은 종결됩니다.

사실조사 결과 사업자에게 귀책사유가 없는 것으로 판명된 때에는 합의권고 없이 사건이 종결됩니다.

06

소비자분쟁조정위원회 조정

원만한 합의가 이루어지지 않은 경우 소비자분쟁조정위원회에 조정을 신청합니다.

피해구제 절차도

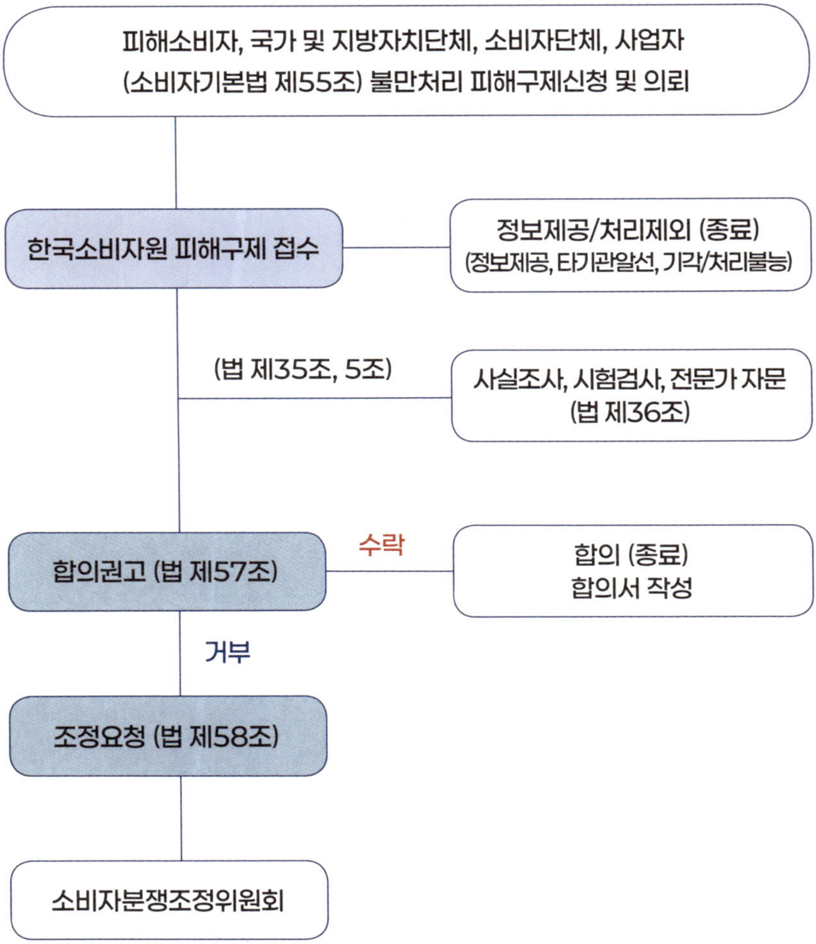
피해소비자, 국가 및 지방자치단체, 소비자단체, 사업자
(소비자기본법 제55조) 불만처리 피해구제신청 및 의뢰
한국소비자원 피해구제 접수
정보제공/처리제외 (종료)
(정보제공, 타기관알선, 기각/처리불능)
(법 제35조, 5조)
사실조사, 시험검사, 전문가 자문
(법 제36조)
합의권고 (법 제57조)
수락
합의 (종료)
합의서 작성
거부
조정요청 (법 제58조)
소비자분쟁조정위원회

온라인 피해구제(ODR) 안내

01 온라인 피해구제란?

본인인증 후 컴퓨터, 스마트폰으로 사건 진행상황 확인, 피해구제 담당자와 의견 교환, 자료제출 등을 손쉽게 할 수 있습니다.

02 온라인 피해구제에서 할 수 있는 일?

- 피해구제 사건 및 진행사항 조회 기능
- 사건진행 취하 요청 기능
- 담당자에게 의견 문의 등록 기능(파일 첨부 가능)
- 담당자가 통보한 내용 조회 기능
- 담당자가 문의한 내용에 대한 답변등록 기능
- 합의권고 내용 조회 및 합의권고에 대한 동의/미동의 처리 기능

정광모 회장(소비자 연맹) vs 정길호(한국 소비자중심기업 협회 회장)
소비자분쟁해결기준 개정 회의 도중(2012.10)

소비자운동의 상징 정광모 회장은 1970년 1월 20일 소비자연맹(창립)~
2013년 2월 12일(작고)까지 43년 20일간 회장직을 역임하였다.

한국 소비자단체 원로들 오찬 모임(정광모, 김천주 회장 외)
소비자운동의 시작은 여성권리 찾기와 같이

[소비자단체 창립 50주년 행사(1,970년~ 2,020년)] – 소비자 연맹

한국에서 전문소비자단체는 1,970년대에 탄생하였다.
단체활동은 소비자 교육, 공산품 중심의 감시 활동을 주로 하였다.

급발진 의심사고에 대한 대책으로 제조물책임법 개정을 위한
국회정책세미나 장면(2025년 9월 16일)
수 십년간 사고 발생시 사고 원인 규명을 전문성이 없는 운전자(소비자)가 하게 되어 있었다.
입증책임을 소비자에게서 제조사(기업)로 전환하고자 하는 법개정을 추진하고자 노력해왔다.

소비자운동, 아껴쓰기 캠페인 장면
전국에서 100여명의 소비자대표가 모인 '전국민 알(R)짜 소비생활 실천대회'.

소비자단체협의회 신년하례 장면

감정노동자 보호보호를 위한 협약식
소비자단체,기업,지방자치단체가 공동 노력

의료사고 예방을 위한 수술실 CC TV설치 법안 통과 촉구 장면
(매주 주말 국회 정문 농성-9개 소비자단체 연합)
수 년에 걸친 요구 끝에 2021년 8월 31일 국회 본의회에서 법안 통과

물가 안정을 위한 제과, 빙과 업계대표들과 간담회 장면
(우크라이나-러시안간 전쟁 초기 원자재 가격 상승으로 제품 가격을 줄줄이 인상한 후 다시 원자재 가격이 하락 안정되었으나 가격 인하를 하지 않아 불매운동까지 고려함)

소비자단체 연합(9개 단체) 대표들
그 어려운 코로나 팬데믹 사태에도 활동을 멈추지 않았다.

실손의료보험 서류 간소화 법안 통과 촉구 기자회견 장면

의료 소비자들의 병.의원 이용 자료가 병원과 보험회사에 있는데도 불구하고
보험료 청구시 진단서 외 많은 서류를 제출하게 되어 있어 불편함을 덜고자…
(청구서류 간소화법 국회 통과, 2024년 1월)

항공사 마일리지 정책 변경에 대한 부당성을 알리는 기자회견 장면
(소비자에 대한 불이익이 명확하고 협의 없는 제도 변경 불가…)

(사)소비자와함께는 플랫폼사업자 (주)카카오를 자본시장법과 전기통신사업법
위반으로 검찰에 고발(2021년 5월 14일, 성명서 낭독과 기자회견 장면)

카카오 계정에 대해 실명 확인을 하지 않아 금융 전문가를 사칭하는
가짜 전문가에게 투자하는 사기 사건이 다발하였다.

소비의 테크닉

현명한 소비자, 경쟁력 있는 기업

초판 1쇄 인쇄 2025년 10월 25일
초판 1쇄 발행 2025년 10월 30일

저자 정길호
발행인 성인제

발행처 (주)트레블그라픽스
출판등록 제2021-000106호(2004. 6. 14)
주소 서울시 용산구 청파로20길 34, 22동 4층 12호
전화 02-545-4724
팩스 02-548-0095

책값: 22,000원. 잘못된 책은 바꾸어 드립니다.
978-89-955416-7-8 (03000)